KB110602

우리가 알아야 할

도시재생
이야기

차례
Contents

들어가며:
도시재생, 도시를 되살리는 여정

왜, 지금 도시재생인가

'도시재생(Urban Regeneration)'이 화두다. 세계적으로 '도시재생'이라는 말이 이슈로 떠오르고 있다. 글로벌 시대를 열어가며 '기술의 진보' '속도의 향상' '규모의 증강'을 추구하던 세계는, 이제 거꾸로 '로컬' '회복' '재생'으로 그 관심을 돌리고 있다. 환경 문제, 자원 문제 앞에서 성장이 한계에 부딪혀 갈 곳을 잃었던 인류가 갈 길을 찾은 것이다. 낙후된 공간이나 지역에 활력을 불어넣는 '도시재생'은 전 세계 여러 도시에서 성공을 거두며 각광받고 있다. 대체 도시재생이란 무엇이고, 왜 이런 뜨거운 관심과 논의를 불러일으키게 되었을까?

최근 한국에서도 정부 주도의 종합정책으로 발표된 도시재생 뉴딜정책에 대한 기대가 높아지면서 도시재생이란 말에 관심이 더욱 커지고 있다. 구도심과 노후 주거지를 대상으로 하는 도시재생 뉴딜은, 쇠퇴한 지역의 여러 문제를 해결하고 주민들의 삶의 질을 개선해 지역 활성화를 도모하고자 하는 정부의 핵심 정책 중 하나이다. 또한 역대 최대 규모의 도시재생을 진행하는 서울시를 비롯한 여러 지자체들도 지역 주민의 삶과 직결된 각양각색의 도시재생 사업을 이어가고 있다. 이처럼 모두가 한목소리로 도시재생을 주요 사업으로 앞세우는 것은 낙후한 지역을 되살리면서 동시에 삶의 질을 높이고, 도시의 정체성을 되찾는 '도시재생'이 오늘날 그만큼 중요한 과제이기 때문이다.

한국뿐 아니라 세계 여러 나라 주요 도시들은 그 나름의 역사와 속도에 따라 산업화와 근대화 과정을 거쳐 지금의 모습을 갖추었다. 그렇게 커다란 구조적 변화를 겪어오면서 '도심'으로 기능하던 공간들은 '구도심'으로 바뀌었고, 도시의 역사와 문화가 담긴 다양한 흔적들은 개발이라는 미명 아래 사라졌으며, 지역의 커뮤니티는 해체되었다. 이러한 문제들이 지속적으로 발생하면서 지역의 정체성은 사라져갔고, 동시에 쇠퇴가 가속화될 수밖에 없었다.

도시는 시간의 흐름에 따라 자연환경·문화·경제·사회·정치 등 다양한 부분의 영향을 받으며 끊임없이 변화·발전하는 유기적인 존재다. 그런데 대부분의 도시가 이런 유기적인 측면은 무시된 채, 대단위 토목공사를 위주로 한 재개발이나 경제적 목적만을 위한 도시환경 개선작업 중심으로 개발이 이루어졌다. 그 결과 도시는 사회적·문화적 측면에서 오히려 쇠퇴의 길로 들어섰다. 겉으로는 화려하고 세련된 모습을 갖추었지만 '삶의 터전'이라는 본질보다는 경제 논리와 정치 논리에 더 치중한 공간으로 변모하면서 그 기능을 잃어가게 된 것이다.

　　이러한 사회 현상은 시기의 차이만 있을 뿐 세계 대부분의 도시가 겪어온 문제로, 전 세계 곳곳에서 시민들은 같은 고민에 휩싸였다. 이에 따라 물리적인 개발보다는 도시의 유기적인 정체성을 보존하고 관리할 필요성을 통감한 사람은 삶의 터전으로서의 도시를 되찾는 문제를 고민하기 시작했다. 그리하여 '개발'이라는 표현 대신 '도시를 되살린다'는 개념의 '도시재생'에 주목했고, 이와 관련한 논의를 이어간 결과 실행에 옮기기에 이른 것이다. 이렇듯 도시재생이라는 말은 어느 날 불쑥 튀어나온 것이 아니라, 그동안 쌓여온 문제를 함께 해결하기 위해 노력하는 가운데 다다른 화두인 셈이다.

돌아보다: 도시재개발에 대한 회의

도시의 변화는 자연스럽게 이루어지기도 하지만 인위적인 투자와 노력으로 생겨나기도 한다. 한국에서는 '재개발'이라는 이름으로 쇠락하거나 낙후된 지역을 개선하거나 신도시를 건설했는데, 보통은 물리적 변화에 집중하여 도시의 모습을 바꾸는 방식이었다. 그 과정에서 이른바 '강남'이 만들어졌고, 서울을 중심으로 한 수도권의 현재 모습이 탄생했다. 이렇게 물리적 변화에만 치중한 개발로 사람들의 생활 터전은 점점 도시 외곽으로 밀려나고 도심은 활기를 잃어버렸다.

이러한 도심 공동화현상 등이 나타나면서 한 도시가 지녔던 고유한 특성이 소멸되고 생활환경이 악화되자 지역의 문화적·사회적 문제들이 발생했다. 이에 따라 기존의 도시재개발 방식, 이른바 '물리적 공간의 확장'과 '편리성을 고려한 최신 공간의 도입' 등이 정말 도시의 긍정적 변화를 이끌어 내는 방법인가, 하는 회의적 시각이 생겨났다.

'도시계획'에서 핵심은 인간의 주거와 활동 기능이 능률적·효과적으로 이루어질 수 있도록 공간을 배치하는 것이다. 따라서 인구 증감, 교통량, 주택 수요, 문화교육 시설, 산업 구조 등 다양한 분야의 실태와 그 변화에 대한 통계자료

수집·분석에 근거해야만 한다. 그런데 도시계획이 도시재개발 방식으로 이루어질 경우 종합적 관점이 부족하여, 소단위 지역사회가 배제되고 개인 삶의 질에 대한 고려가 면밀하게 이루어지기 어렵다. 특히 지역 문제 해결에서 주민과 지역사회의 자율적인 참여를 이끌어내지 못해, 도시에서 살아가는 '사람'과 '지역사회'에 대한 개념이 결여될 수 있다.

과거 경제 발전을 최우선으로 추구하던 삶의 방식이 오늘날 삶의 질에 중요한 가치를 두는 방식으로 변화하면서, 삶의 터전인 도시문제에서도 통합적이고 포괄적인 관점이 다시금 요구되기에 이르렀다. 단순한 재개발, 재건축이 아닌 지속가능한 도시로 재창조하는 접근법과 방법론이 요구되고 있는 것이다.

돌아서다: 도시재생 개념의 탄생과 인식

도시는 이제 그동안 많은 문제를 낳은 획일적이고 상업적인 개발 논리에서 벗어나, 사람들의 삶이 중심이 되는 본연의 모습으로 돌아갈 때가 되었다. '도시재생'은 이런 시대의 요구에 따라 도시문제 해결의 대안으로 대두되었다. 도시재생은 기존 도시재개발이 물리적·양적 추구만을 내세운 것과 달리 질적 추구로 패러다임 변화를 시도한다. 물론 물리적 환경의 개선 또한 도시재생의 여러 목표 중 하나다. 하지만 이와 더불어 경제·사회·문화 모두에 활력을 불어넣음으로써 도시 전체를 활성화하고 주민들의 복리를 증진한다는 목적을 가지고 있어 훨씬 더 공공성이 강조된다. 이는 기존의 무조건적인 철거와 재조성 방식 때문에 파괴되었던 자연환경, 역사와 문화, 고유의 정체성 등 삶의 터전으로서 도시의 진면목을 되살리려는 회복의 방식이다.

앞서 이야기한 것처럼 도시는 시간의 흐름이나 그곳에 사는 사람들의 삶 형태에 따라 시시각각 변화하는 유기적인 공간이다. 그리고 다양한 분야가 서로 영향을 주고받는 복합적인 공간이기도 하다. 하지만 이러한 도시의 유기적인 속성을 고려하지 않은 채 재개발을 감행함에 따라 생겨난 난제들은 도시 주민들의 삶을 더욱 어렵게 하고 있다. 도시재개발이 아무리 효율과 능률을 고민하고 공공 목적을 달성하기 위해 애쓴다 해도 이는 대부분 공공시설 정비, 주거 환경 개선 등 특정 목적에 국한된 것일 뿐, 현재 도시가 맞닥뜨린 문제들을 근본적으로 해결하지는 못하기 때문이다.

도시재생은 도시의 역사성과 현재성 그리고 그 안에 녹아든 사람들의 시간과 삶까지, 도시의 유기적인 속성 모두를 하나의 도시 정체성으로 간주함으로써 이 같은 문제를 극복

한다. 또한 도시 정체성을 회복하거나 유지하는 일은 행정기관의 힘만으로 이루어지는 것이 아니라 주민과 행정기관, 도시 전문가가 다 같이 머리를 맞대고 고민할 때 이루어질 수 있음을 강조한다. 도시문제를 해결하기 위해 대상이나 방법뿐 아니라 주체까지 함께 고려하는 것이다.

돌아가다: 도시재생의 실천과 방법

도시재생은 낙후된 지역에 활력을 주는 것을 목표로 한다. 도시재생이 우선적으로 필요한 대상지는 지역 상황에 따라 저마다 다른 이유가 있지만, 유휴(遊休) 공간이나 낙후 지역 등 적절한 대상 공간을 발굴하고 효율적으로 적용하는 것이 중요하다. 아울러 도시재생이 성공하기 위해서는 공통으로 고려해야 할 몇 가지 사항이 존재한다.

첫째, 삶을 중심으로 하는 장소에 대한 통합적인 접근이다. 도시재생은 도시를 구성하는 물리 환경(공간), 커뮤니티(사회 문화), 효율성(경제), 정체성(역사 문화) 등을 모두 고려한 접근방식이 필요하다. 한두 가지 목적만이 고려된 산발적인 지역재생이나, 해외 성공 사례의 장점만을 벤치마킹하는 방식은 장소에 밀접하게 영향을 미치지 못하거나 또 다른 문제점을 낳을 가능성이 크다.

둘째, 재생지의 사업 추진 과정을 공론화하고 해당 지역 주민들이 참여할 수 있어야 한다. 도시 여건에 따라 다양한 형태로 도시재생이 이루어질 수 있지만 결국 "누구를 위한 재생인가?" "무엇을 재생할 것인가?" "어떻게 재생할 것인가?" 하는 문제를 실질적으로 고민하고 적극 참여할 수 있는 사람은 바로 그곳에 사는 사람들임을 반드시 기억해야만 한다. 주민 참여가 제한되고, 주민에게 공개되지 않는 재생 사업은 그 의미와 효용에서 좋은 결과를 기대하기 어렵다.

셋째, 지역의 정체성과 환경을 고려해 주민 주도 지역재생을 실천하되, 지속적으로 도시와 지역 커뮤니티가 성장할 수 있는 인프라가 구축되어야 한다. 이를 위해서는 계획 수립 당시의 원칙과 목적을 꾸준히 적용하고 관철할 수 있는 관리 주체가 필요하다. 도시재생은 지역 주민이 주도적으로 추진해야 하지만 공공성을 강화하고 사업 시행을 조정·지원할 정부와 지자체의 협력이 꼭 필요하기 때문이다.

넷째, 전문가의 조언과 협력이다. 도시재생 사업은 규모가 크든 작든 자치단체나 주민의 이해관계가 얽히기 마련이고, 게다가 정부와 자치단체의 역할이나 지원은 한정적일 수밖에 없다. 따라서 더 객관적인 시각에서 계획을 보완하고, 민관이 미처 생각하지 못한 전략을 함께 수립하고 실행할 수 있는 전문가와 공조해야만 한다.

낙후된 지역을 되살리는 시간

결국 도시재생은 낙후된 지역을 되살려 사람들의 삶을 개선하는 일에, 주민들이 주체가 되어 적극 참여하고, 여기에 행정기관과 전문가가 서로 협력해 지역 활성화를 도모하는 성장 전략이다. 도시는 모든 사람이 더불어 사는 공간이자, 과거와 다름없이 사람들의 소중한 기억이 쌓이고, 시간이 흐르는 곳이다. 그러므로 지역의 정체성을 지키면서 과거와 현재, 미래가 공존하는 공간과 지속가능한 인프라를 구축하고 주민들의 삶의 질을 개선하여 건강한 도시의 성장을 추구하는 것이 진정한 도시재생이라 할 수 있을 것이다.

제1장

'도시'라는 공간

'도시'란 무엇인가

우리는 흔히 도시라고 하면 빌딩숲 또는 몇몇 유명한 도시의 이미지를 대표적으로 떠올린다. 하지만 사실 도시는 그보다 훨씬 다양하고 구체적인 의미로 가득한 곳이다. 책이나 영화 속 이야기에 배경으로 등장하며, 때로는 우리가 흥얼거리는 노래 속에도 들어 있고, 랜드마크나 골목길 풍경을 담아낸 사진에도 도시는 존재한다.

도시는 특별한 무엇이기보다 사람들의 어제와 오늘, 내일이 역사로 쌓여가는 공간이자 거기에 깃들어 살아가는 사람들의 일상을 오롯이 담고 있는 삶의 공간 자체다. 따라서 그곳에서 살아가는 누군가에게는 잠에서 깨어나 다시 잠자리에 들기까지의 생활을 영위하는 공간으로 인식되며, 그곳을 찾는 여행자에게는 색다른 즐거움과 또 다른 일상을 선사하는 공간이 되어주기도 한다. 그렇기에 도시를 잘 들여다보면 당대 사람들의 삶을 이해할 수 있는 것은 물론, 시간의 흐름에 따라 도시가 변화해온 흔적이나 새롭게 만들어지는 도시의 이미지를 만나볼 수 있다. 수많은 사람들이 더불어 살아가는 도시는 소중한 기억들이 끝없이 쌓여가는 장소다. 시간이 흘러가면서 도시는 그곳에 거주하는 사람들을 중심으로 다채로운 이야기를 빚어낸다. 그리고 도시를 향한 사랑과 관심은 점점 더 적극적으로 표현되고 회자되면서 도시의 삶에 영향을 준다.

문물의 발전에 따른 삶의 변화는 다양한 방식으로 도시의 변화를 동반한다. 조선시대 중인들이 모여 살던 경복궁의 서편이 현재는 '서촌'이라 불리며 개성 있는 문화와 먹을거리를 갖춘 지역으로 탈바꿈했다. 그런가 하면 전국의 물자가 드나들던 교통의 요지 마포는 젊은이들과 예술가들을 중심으로 새로운 문화가 계속 유입되는 문화 공간으로 변모했다. 이러한 시대 변화에 따라 예전에는 번영을 누리던 곳이 쇠락하기도 하고, 한적하던 지역이 새로운 명소로 급부상하기도 한다. 도시의 변화는 그 원인만큼이나 다양한 모습으로 일어난다.

도시가 겪어온 변화와 문제

　도시 공간은 그 시대 문명의 결정체라고 할 수 있다. 삶을 영위하는 데 필요한 모든 행위가 그곳에서 이루어진다. 생산과 소비, 당대의 문화·사회·역사·경제·정치 등이 하나로 어우러지는 집약체인 것이다.

　고대의 도시는 부족사회로부터 출발했지만, 발전을 거듭하여 왕정 국가의 수도를 중심으로 체계적인 구조를 갖춘 공간으로 성장했다. 이후 근대 산업사회가 도래하면서 급속도로 팽창한 도시는 이후 다시 탈산업화, 자본의 이동, 세계화 등 급격한 변화의 물살을 만났다. 천천히 자연적으로 성장해오던 도시가 전 지구 차원에서 일어나는 거대한 변화의 흐름에 놓이게 된 것이다.

　이전까지는 각 국가 안에서 기능하고 성장하던 도시가 외부 요인들 때문에 변화를 맞으면서 도시의 구조는 각각의 상황에 맞게 재편이 이루어졌다. 이 과정에서 각 도시는 자기만의 색채를 띠게 되었다. 한 예로 유럽 국가들은 과거의 유산을 지키는 동시에 새로운 문화도 받아들여 역사와 정체성을 유지시키며 도시를 발전시켜나갔다. 현재 유럽의 다양한 도시들이 과거와 현재가 공존하는 모습을 갖추게 된 것은 그 시기의 도시개발 방향이 '역사와 문화, 정체성의 보존'에 어느 정도 비중을 두었기 때문이다. 반면 일부 도시는 역사와 문화, 정체성보다는 경제적인 목적과 편의만을 추구하여, 과거의 흔적을 드문드문 남겨둔 채 대규모 토목공사 등의 방법으로 도시를 성장시켰다. 이런 사례는 2차산업이나 3차산업에 뒤늦게 뛰어든 국가들 대부분에서 나타나는데, 한국도 이 경우에 속한다고 할 수 있다.

　오늘날 한국의 도시는 과거와 현재가 조화롭게 공존하고 있다기보다, 도시의 현재 모습 위에 과거가 전시되어 있는 것 같은 인상을 준다. 과거와 현재가 하나의 풍경으로 조화를 이루지 못한 채 각각의 공간으로만 존재하는 것이다. 현실적으로 과거의 도시 공간은 대부분 유물로만 존재 가치가 있을 뿐, 현재 삶에 생산적인 공간으로서 도시에 기여하지는 못하는 경우가 많아 보이기는 하다. 화재로 전소되는 바람에 많은 논란 속에 새로 지어진 남대문과 성벽이 잘린 채 문만 남아 있는 동대문이 그렇고, 헐리고 잠식되어 주변의 상가에 묻혀버린 경희궁이 그렇다.

하지만 일제강점기에 '미쓰코시 백화점'으로 사용되었던 곳이 현재 '신세계 백화점 본점' 건물로 쓰이는 경우나, 과거 '광통관'으로 불리며 대한제국 시절 천일은행 등으로 사용되었던 건물이 현재 '우리은행 종로금융센터'로 활용되며 그 모습을 지키는 경우도 있다. 옛 시절의 공간이 아직도 도시의 일부로 기능하고 있다는 것은 주목할 만한 일이다. 물론 우리 고유의 문화와 색채가 담긴 공간이 현재에도 이렇게 활용되고 있다면 더 좋았겠지만 말이다.

그럼에도 불구하고 과거의 생활공간이 현재에도 그 정체성을 잃지 않고 도시의 일부로서 기능하고 있는 사례는 매우 드물다. 게다가 앞서 소개한 예처럼 일부 활용된다고 하더라도 그저 하나의 건물이 유지되는 정도에 그치고 있다. 안타깝게도 나름대로 특별한 맥락을 가지고 만들어졌을 공간들이 그 맥락을 계속 유지한 채 살아남아 도시의 일부로 기능하고 있는 사례는 거의 찾아보기 힘들다.

그런데 최근 들어 지역의 문화유산이나 산업유산을 중심으로 방치되어 있는 유휴 공간을 장소성에 맞게 활용하면서 도시의 문화 인프라로 활력을 주고자 하는 시도가 점차 늘어나고 있다. 서울·부산을 비롯해 군산·대전·목포·인천·완주·울산·전주·등에서 근대 문화유산을 중심으로 이루어지는 도시재생과 작게는 광명동굴이나 남양주 능내역, 평택 소풍정원 등 폐역사·폐공간·폐천·폐도를 중심으로 한 재생이 그것이다.

이에 따라 공간의 과거 의미를 되살려 낙후 지역에 활력을 건네는 '도시재생'의 진정한 역할과 그 중요성이 본격 대두되고 있으며, 전국에 걸쳐 도시계획을 주도하는 행정기관뿐만 아니라 도시를 터전 삼아 살아가는 주민과 여러 전문가를 중심으로 한 도시재생의 다양한 실천이 진행 중에 있다.

도시재생이 붐처럼 일어나고, 많은 사람들이 선진 지역으로 알려진 곳을 다녀가면서 그곳을 모방한 비슷한 사례들이 생겨나고 있다. 하지만 대부분 관광하듯 살펴본 경우가 많아 그 과정을 함께한 사람들의 이야기나 철학 그리고 거기에 담긴 시간의 의미를 간과하는 경우가 많다. 이러한 겉핥기식 모방 사례는 또 다른 도시문제를 만들어낸다.

다음에 소개되는 세계 각국의 사례들은 재생 이전의 역사와 문화적 특징만으로도 눈여겨볼 가치가 충분한 곳들로, 재생 과정과 방식을 귀담아듣고 벤치마킹해야 할 선진 도시재생의 대표 본보기들이다. 이들 도시재생 성공 사례를 면밀하게 살펴봄으로써 우리가 나아가야 할 길을 예비하고, 놓치지 말아야 할 도시의 과거와 현재 가치들을 살려내어 미래로 나아가야 할 것이다.

제2장

파리 프롬나드 플랑테

도시재생의 새로운 개념

노후한 고가철도에서
재생의 공간을 꿈꾸다

근대화의 상징물에서 도시의 골칫덩이로

프랑스 파리는 '낭만과 예술'이라는 이미지로 전 세계인에게 각인된 도시인 듯싶다. 그래서인지 파리를 무대로 삼은 영화들은 유난히 더 낭만적인 색채를 띤다. 영화「비포 선셋(Before Sunset)」은 낭만의 도시, 파리를 배경으로 이야기가 전개된다. 영화 속에서 주인공 제시(에단 호크)와 셀린(줄리 델피)은 도란도란 이야기꽃을 피우며 파리 곳곳을 돌아다닌다. 노트르담 성당, 센강 등 파리의 모습을 아름답게 담아낸 이 영화는 화제를 불러일으켰고, 영화에 등장한 장소들은 파리 여

행객들이 꼭 들러봐야 할 명소로 자리 잡았다. 그중 한 곳으로, 길게 이어진 아기자기한 산책길에서 두 사람이 대화를 나누며 거닐던 곳이 바로 '프롬나드 플랑테(Promenade Planteé: 가로수 산책길)'다.

영화 「비포 선셋」의 명소 프롬나드 플랑테

프롬나드 플랑테는 옛 바스티유역(현재 바스티유 오페라극장)에서 뱅센(Vincennes)을 거쳐 베르뇌유레탕(Verneuil-l'Étang)까지 이어진 옛 뱅센 철도 위에 만들어졌다. 1969년 12월 14일 운행을 종료한 이 철도 노선 중 일부는 RER(파리 시내와 근교를 잇는 고속 교외 철도) A선에 통합되었지만, 바스티유와 뱅센 사이 구간은 완전히 기능을 상실한 채 버려졌다. 1895년에 개통된 뱅센 철도는 교량형 철로로 주로 화물운송에 사용되다가, 지하철이 건설되면서 그 기능을 잃은 것이다. 이후 관리자도 없고 사람도 찾지 않았던 이곳은 자연스럽게 슬럼화되어 폐허로 전락했다. '철도'는 19세기 서유럽을 중심으로 일어난 산업혁명과 도시화의 자취를 깊이 느낄 수 있는 진보의 상징과도 같은 존재였다. 이처럼 근대화된 도시의 상징물이자 문화유산이던 고가철도가 용도 폐기되자 그 주변은 이내 낙후지역으로 전락했고, 심지어 범죄 위험이 도사리는 우범지역이 되고 말았다.

변화의 시작

도시 한가운데에 자리 잡은 이 산업 유물은 전체 길이가 4.5킬로미터나 되는, 꽤 덩치 큰 골칫덩이였다. 길게 공중에 떠 있는 이 공간을 활용할 방안을 찾지 못하던 파리시는 1980년대 중반까지도 이곳을 그냥 방치해두었다. 지상에서 10미터 높이에 설치된 철길과 이를 지탱하는 70여개의 아치형 구조물을 철거하려면 막대한 예산이 소요되는 것은 물론이고 교통 문제, 환경 문제 등 다양한 문제가 야기될 수밖에 없었기 때문이다. 일각에선 다른 방법이 논의되기도 했지만 별 뾰족한 수가 없었다. 일부 건축가들과 학생들을 중심으로 선로 부지와 기존 구조물을 재활용하자는 방안이 제기되었으나, 고가철도를 리모델링한 사례가 없었던 만큼 명확한 청사진을 제시하긴 어려웠다.

그러다가 1981년에 취임한 프랑수아 미테랑(François Mitterrand) 대통령의 문화정책 '그랑 프로제(Grand Projects: Grandes Operations d'Architecture et d'Urbanism)'와 연계되면서 폐선 부지에 대한 본격적인 논의가 시작되었다(프랑스 최초의 사회당 출신 대통령 프랑수아 미테랑은 1981년 취임 직후 '프랑스 혁명 200주년'을 기념해 대대적인 문화예술 시설 확충 프로젝트인 '그랑 프로제'를 발표했다. 이 프로젝트에는 사람들이 최대한 가까운 곳에서 문화를 접하게 하려는 미테랑 대통령의 문화 발전 철학이 담겨 있다. 오늘날 프랑스를 대표하는 관광 명소인 오르세 미술관, 바스티유 오페라 극장, 루브르 박물관의 유리 피라미드, 국립도서관, 라빌레트 공원 등은 '그랑 프로제'의 대표 사례다).

개발 초반에는 고가철도 윗부분을 산책로로 조성하자는 의견과 고가철도를 철거하고 구간의 연속성을 보장하는 새로운 건물을 건설하자는 의견이 제시되었다. 그러나 일관성 없는 건물들을 신축했을 때 파리가 가진 도시 경관을 해칠 수 있다는 우려가 제기되면서 최종적으로 산책로를 조성하자는 안이 채택되었다. 과거와 조화를 이루며 전통을 지켜가고자 노력해온 프랑스인의 시각을 엿볼 수 있는 대목이다.

1983년 바스티유역이 철거되었다. 그 자리엔 바스티유 오페라극장이 들어설 예정이었다. 이어 프랑스 국유철도회사가 모든 화물 운송 활동을 전면 재편성하기로 결정하면서 이 지역은 협의개발지구(Z.A.C.: Zone d'Aménagement Concerté)로 지정되었다. 그리고 파리시 주도 아래 본격적인 재생 사업이 시작되었다.

먼저 조경건축가 자크 베르젤리(Jacques Vergely)와 건축가 필리프 마티외(Philippe Mathieu)가 프롬나드 플랑테의 공중정원과 산책로를 디자인했다. 파리시는 선로 부지를 그대로 보존하면서 시민들이 안전하게 산책할 수 있는 휴식 공간을 조성하는 데 중점을 두어 사업을 진행했다. 무엇보다 다른 공원과는 달리 선형으로 길게 뻗은 부지 특성을 살려 조성했는데, 구간별로 나누어 각각의 특색을 부여했다. 어떤 곳은 폭을 좁게, 어떤 곳은 넓게 만드는가 하면, 광장을 조성

프롬나드 플랑테의 공중정원과 산책로 아래의 르 비아뒤크 데 자르

하기도 하는 등 공원을 방문하는 사람들이 지루하지 않도록 깊은 고민을 담아 조성했다.

또한 노선 부지 아래에 있는 아치 공간은 건축가 파트리크 베르제(Patrick Berger)가 맡아 디자인했으며, '르 비아뒤크 데 자르(Le Viaduc des Arts: 예술 고가다리)'라는 이름 아래 예술을 중심으로 하는 공방들과 상점들이 들어섰다. 르 비아뒤크 데 자르는 아치를 그대로 살린 채 높은 천장과 벽돌로 이루어진 19세기풍의 건축 양식을 지키면서 아치 위에 푸릇푸릇한 산책로를 올려놓았다. 이곳을 들른 사람들은 파리의 과거와 현재가 어우러진 모습을 체험할 수 있다.

이렇게 파리시가 흉물이 된 고가철도를 철거하지 않고 세계 최초로 길이 4.5킬로미터의 공중정원으로 재탄생시키자 이 지역은 제2의 전성기를 맞이했다. 도심 어디에서도 볼 수 없는 긴 구간에 녹지와 쉼터가 들어서면서 시민들은 편히 쉴 수 있는 특별한 휴식 공간을 얻었다. 고가철도 바로 아래는 어두컴컴한 우범지대라는 오명을 벗고, 지역 예술가들이 악기·보석·가구·와인·공예 등을 다루는 공방과 갤러리, 아트숍, 카페 등이 들어선 다채로운 문화 공간으로 탈바꿈했다. 낙후되고 슬럼화한 지역이 새로운 이미지로 다시 태어나 시민들에게 휴식과 즐거움을 주는 공간으로 변모한 것이다.

누구도 생각지 않았던 변신, 그 뒷이야기

세계 최초의 도시를 가로지르는 공중정원의 탄생, 그 이후

흥물로 전락했던 철로가 도심 속 공원으로 재탄생하자 지역 주민들의 삶도 180도 달라졌다. 우범지대였을 때는 움츠러들었던 지역이 프롬나드 플랑테가 완공된 뒤에는 활력 넘치는 지역으로 변모했다. 더 이상 낙후된 곳이 아니었다. 주민들이 자발적으로 주변을 아름답게 꾸미기 시작했고, 공원을 찾아 산책을 즐기며 매력적인 공간으로 변화시켰다. 지역은 서서히 활력을 되찾았고, 지역 주민뿐 아니라 외지인의 방문이 늘면서 관광 효과까지 얻을 수 있었다. 자연스럽게 지역의 가치 또한 올라갔다. 먼지 쌓인 철길을 녹지 공간과 산책로로 변모시킨 이 프로젝트가 지역 주민들의 삶을 바꿔 놓은 것이다. 옛 아치를 그대로 활용한 '르 비아뒤크 데 자르' 옆에는 현대적 디자인을 가미한 새로운 상점들이 들어서는 등 또 다른 버전의 상업·문화 공간이 조성되어 지역 상권의 범주가 늘어나고 경제 효과도 상승했다. 어두컴컴했던 다리 밑 공간은 문화와 예술이 있는 공간으로 탈바꿈했고, 지역 경제를 주도하는 공간으로 바뀌었다. 이렇게 세계 최초의 공중정원 프로젝트는 완공 이후 자연스러운 변화의 시간을 맞으면서 파리만의 색채를 담은 특별한 공간이 되었다.

주민들과 상권의 자연스러운 변화와 함께 파리시도 공원 조성에서 멈추지 않고, 꾸준한 관리를 통해 이곳의 생명력을 탄탄하게 이어가고 있다. 공중정원의 건강함을 유지하기 위해 각종 생물이 찾아와 살 수 있도록 농약을 사용하지 않았다. 곤충들과 새들이 머물 수 있는 곳으로 곤충호텔과 물을 마실 수 있는 구조물을 만들어주었다. 필자가 6월 말 프롬나드 플랑테를 다시 찾아갔을 때 다소 더운 날씨였지만 새들과 벌들이 물을 마시기도 하면서 행복한 날갯짓을 하고 있었다. 조성된 후 자연스레 세월이 더해진 공중정원은 식물과 곤충 그리고 사람이 함께 어우러진 모습이었다.

르 비아뒤크 데 자르와 곤충호텔

지속 가능한 생명력을 지닌 랜드마크가 되는 방법

파리에는 아름답고 웅장한 공원이나 유서 깊은 정원이 많다. 그중 프롬나드 플랑테가 주목받는 것은 파리 시내를 내려다보며 걸을 수 있는 아름다운 산책길과 수려한 환경 때문만은 아닐 것이다. 버려져서 도시 미관을 해치고 치안을 불안케 하는 산업 유물의 가치를 다시 판단하고, 그 역사적 의미와 환경 조건 등을 냉철하게 평가하여 차별화된 공원으로 되살려내어 시민에게 돌려준 노력이야말로 프롬나드 플랑테의 가치를 돋보이게 하는 이유다. 또한 주민들이 자발적으로 나서서 사랑받는 공간으로 가꾸고 있는 것도 프롬나드 플랑테가 도시재생의 선구적인 성공 사례로 회자되는 이유 중 하나다.

프롬나드 플랑테를 보고 있으면 많은 생각이 든다. 우리가 그동안 해왔던 일들은 우리 도시를 어떻게 변화시켰나? 그리고 우리가 진정으로 추구해야 할 도시의 성장 또는 변화의 가치는 무엇일까? 프롬나드 플랑테의 개발 과정과 결과는 다른 많은 도시재생 사업에 영감을 주고 있다. 뉴욕의 하이라인 파크(High Line Park), 시카고의 블루밍데일 철로(Bloomingdale Trail), 필라델피아 캘로힐(Callowhill)의 폐쇄된 철로 부지, 서울시의 서울역 고가 보행길인 서울로 7017 등 다양한 도시들이 프롬나드 플랑테를 벤치마킹하고 있다.

프롬나드 플랑테는 도시가 가진 흔적을 보존하고 가치 있게 활용하면서 낙후된 지역을 활성화하는 효과적인 도시재생 방법을 보여준다. 도시의 흔적은 역사적 자산이 되고 기억되어 도시의 정체성을 형성한다. 이러한 도시의 분위기는 이벤트성으로 단기간에 완성되지 않는다. 대상 지역에 대한 깊은 성찰과 시간의 흐름 속에 사람들의 참여가 함께 조화를 이루어야만 되는 것이다. 흔히들 파리나 로마, 런던 등을 일컬어 '도시 자체가 박물관'이라고 한다. 이러한 도시 분위기가 하루아침에 완성되었을 리 없다. 오랜 시간 켜켜이 쌓인 도시의 흔적들과 그것을 보호하려는 노력이 뒷받침되어 이루어진 것이다.

프롬나드 플랑테는 산업유산의 흔적을 지우지 않고 그 가치와 정체성을 보존하면서도 현재를 살아가는 시민들과 방문객들이 그것과 소통할 수 있는 방법을 찾아냈다. 프롬나드 플랑테는 주민들의 손길과 발길로 다져져 삶과 어우러진 파리의 중요한 랜드마크 중 하나로 앞으로도 길이 기억되고 사랑받을 것이다. 도시의 유산은 지속적으로 그 가치를 소비하고 새로운 가치를 생성할 때, 생명력을 유지할 수 있음을 프롬나드 플랑테는 잘 입증하고 있다.

제3장

나오시마

예술로 삶이 바뀐 섬

예술섬의 시작은 '경고'였다

예술섬이 되기까지

일본 가가와 현에는 '올곧고 바른 섬'이라는 뜻을 가진 '나오시마(直島: 직도)'가 있다. 세토 내해(瀨戸內海: 혼슈섬·규슈섬·시코쿠섬에 둘러싸인 바다)에 위치한 작은 섬에 불과하지만, 오늘날 꼭 가봐야 할 여행지와 도시재생의 성공 사례로 손꼽히는 곳이다.

프리츠커 상(Pritzker Architecture Prize)을 수상한 세계적인 건축가 안도 다다오(安藤忠雄)가 섬의 주요 건축물을 설계했고, 클로드 모네(Claude Monet)·제임스 터렐(James Turrell)·월터 드 마리아(Walter de Maria)·이우환(李禹煥) 등 이름만 들어도 알 만한 예술가들의 작품이 전시되어 있는 나오시마는 '현대미술의 성지'로 불린다. 하지만 이러한 이유들만으로는 나오시마의 특별함을 설명하기 어렵다. 그곳의 특별함은, 과거 산업폐기물로 오염되고 고령화와 인구 감소로 활력을 잃어 쇠락했던 곳이, 예술섬으로 재생하여 지금의 모습으로 변화되었다는 데 있다.

나오시마의 쇠락, 그리고 또 다른 시작

어업이 주요 생계수단이었던 나오시마는 1917년, 미쓰비시 광업이 동과 금을 제련하는 나오시마 제련소를 설치하면서 경제적으로 발전하여, 잠깐의 황금기를 누릴 수 있었다. 하지만 그 대가로 나오시마의 환경은 크게 훼손되었다. 섬 북쪽의 공장에서는 끊임없이 매연과 유독가스가 뿜어져 나왔고, 공장에서 흘러나온 기름 찌꺼기는 근처 바닷물을 오염시켰다. 섬의 수목은 점점 말라 시들어갔다. 그러다가 1980년대에는 나오시마 제련소마저 경쟁력을 잃고 문을 닫아버렸다. 그 뒤 나오시마는 '올곧고 바르다'는 섬의 이름이 무색하게 '버려진 섬'으로 전락하고 말았다.

1960년대 후반에 7,800여 명에 달하던 나오시마의 인구
는 계속 줄어들어 고작 3,100여 명만이 남게 되었고, 그마저
도 대부분 노인들이었다. 비슷한 처지에 놓인 대부분의 지역
들이 그러했듯이, 경제가 쇠락하고 일자리가 감소함에 따라
젊은이들은 섬을 떠나갔다. 나오시마 섬에는 빈집들과 고향
을 지키는 노인들만이 남게 되었다. 빈집들은 흉물로 변해 마
을을 더욱 황량하게 만들었다. 오로지 인간의 의지로만 번성
하고 쇠락한 이 섬은 아름다운 자연이 인간의 욕심으로 얼마
나 파괴될 수 있는지를 보여주는 하나의 상징과도 같았다.

이런 나오시마를 바꾸려 했던 사람은 베네세 홀딩스
(Benesse Holdings, Inc.)의 회장이자 후쿠타케 재단의 이사장인
후쿠타케 소이치로(福武總一郎)다. 나오시마가 위치한 가가
와현의 건너편 오카야마현에는 '후쿠타케 서점'에서 출발하
여 일본 최대 교육·출판 기업으로 성장한 베네세 홀딩스와
후쿠타케 재단이 있다. 창업주인 아버지가 돌아가시자 도쿄
를 떠나 오카야마 본사로 돌아온 후쿠타케 소이치로는 그곳
의 아름다운 섬들과 사람들을 접하면서 함께 '잘 사는 삶'에
대해 고민하기 시작했다. 회사 이름을 '후쿠타케 서점'에서
'웰빙(Well-being), 잘 산다'라는 의미의 '베네세(Benesse)'로 바
꾼 것도 바로 그러한 까닭에서였다.

그의 아버지 후쿠타케 데쓰히코는 자연환경을 즐기며 어

린이들이 머물 수 있는 문화적이고 교육적인 캠핑장을 세토 내해 섬에 만들고 싶다는 바람을 갖고 있었다고 한다. 그래서인지 처음 나오시마 프로젝트가 시작될 때 후쿠타케 회장은 그런 아버지의 유지를 이어받아 '어린이들이 즐겁게 놀 수 있는 캠핑장'을 구상하고 1989년 '나오시마 국제캠프장' 개장을 시작으로 섬의 모습을 바꾸어나갔다. 하지만 그는 곧 이 계획에서 '어린이'보다 현재 나오시마에 거주하는 '노인'이 나오시마의 주인이 되어야 한다고 여기게 되었다. 이에 '나오시마를 노인의 웃음이 넘치는 장소로 만들고 싶다'고 생각을 바꾸고 이를 실천에 옮겼다.

한편 산업폐기물로 오염되어 황폐해진 섬에 현대미술을 접목하여 쇠락한 나오시마에 생명을 불어넣는 '나오시마 프로젝트'는 아름다운 섬을 파괴한 사람들에게 보내는 경고도 담겨 있었다. 이렇듯 완전히 새로운 공간으로 만들겠다는 그의 프로젝트가 정말 성공하리라 믿었던 사람이 과연 몇 명이나 되었을까? 하지만 그의 뜻을 따라 안도 다다오를 비롯한 다양한 분야의 전문가들이 힘을 보탰고, 안도 다다오와 함께 민둥산에 나무를 심으며 시작했던 프로젝트는 지금의 나오시마가 되어 우리 눈앞에 펼쳐지게 되었다.

지역을 살리는 예술 프로젝트

체험하는 현대 예술

나오시마가 '예술섬'이 되도록 토양을 가꾸고 씨를 뿌린 사람이 후쿠타케 소이치로라면, 화려한 예술 꽃을 피운 사람은 안도 다다오라고 할 수 있다. 안도 다다오와 나오시마의 인연은 후쿠타케 소이치로 회장이 그에게 국제캠프장의 감수를 맡기면서부터 시작되었다.

나오시마를 대하는 안도 다다오의 생각이 집약적으로 드러난 곳이 바로 '베네세 하우스'와 '이우환 미술관' 그리고 '지추 미술관(地中美術館)'이다. 안도 다다오는 나오시마의 자연과 최대한 어우러진 공간 디자인에 주력했다. 그래서 '산의 능선을 그대로 살린, 외부에서 보이지 않는 건축물'을 짓기로 하고 미술관과 호텔을 땅속에 건설하는 등 매우 파격적인 건축 방식을 도입했다.

1992년 뮤지엄 동이 완공되면서 문을 연 베네세 하우스는 미술관과 호텔, 공원과 레스토랑, 기념품 숍이 함께 있는 복합 공간이다. 베네세 하우스와 다른 미술관이 차이 나는 점은 숙박을 할 수 있다는 것이다. 관람객들은 미술관에서 밤을 보내며, 시간마다 변화하는 예술작품을 경험하는 특별한 시간을 가질 수 있다. 특히 1995년 완공된 별관 오벌(Oval) 동에서 하룻밤 묵는 관람객들은 모노레일을 타고 산등성이에 있는 숙소로 이동하여, 지내는 동안 자연과 건축물이 어우러지는 모습을 체험할 수 있다. 하늘과 물이 만나 서로를 투영해주는 듯한 타원형의 공간은 투숙객들에게 자연의 빛과 흘러가는 구름이 빚어낸 아름다운 광경을 선사한다. 물론 이곳에 묵지 않아도 미술관과 공원으로 이루어진 베네세 하우스의 진면목을 느끼기엔 부족함이 없다. 나오시마의 아름다운 풍경과 어우러진 베네세 하우스는 전시 공간뿐 아니라 해변과 정원, 건물 구석구석 등 의외의 장소에서 예술작품을 만날 수 있기 때문이다.

베네세 하우스에서 지추 미술관으로 가는 골짜기 깊숙한

베네세 하우스 별관 '오벌'

이우환 미술관

곳에는 2010년에 완공된 이우환 미술관이 자리 잡고 있다. 한국을 대표하는 세계적인 현대미술가인 이우환 작가는 철학 전공자답게 자신의 작품을 보며 무언가를 느끼고 생각할 수 있는 전시 공간을 원했다. 이에 작가와 건축가가 함께 장소를 선정한 뒤 집중과 여백을 살린 공간을 만들어냈다. 이렇게 해서 이우환의 작품이 건네는 동양철학적 미를 체험할 수 있는 사유(思惟)의 미술관이 완성되었다.

2004년 완공된 지추 미술관은 클로드 모네가 그린 「수련 연못(L'étang de Nimphéas)」의 의미를 확장하겠다는 발상에서 출발했다. 19세기를 대표하는 인상파 화가인 '빛을 다루는 미술가' 모네의 작품에 흠뻑 빠질 수 있는 공간을 만들어보자는 착상에서 시작된 이 프로젝트는, 모네의 「수련 연못」을 오마주한 공간을 만들어 모네의 감성을 체험하게 해놓았다.

연못을 지나 언덕에 오르면, 모네의 작품과 미국의 현대미술가 월터 드 마리아와 제임스 터렐의 작품을 품고 땅속에 들어서 있는 지추 미술관을 만나게 된다. 세토 내해와 나오시마의 자연 또한 예술의 일부라 여겼던 안도 다다오는 미술관을 땅속에 집어넣었다. 주변 자연과의 경계가 모호하게 건축된 이 미술관은 오롯이 작품에 집중할 수 있는 공간을 선보이며, 시간과 날씨에 따라 공간과 작품이 변모하는 아주 색다른 모습을 연출한다. 자연이 미술관을 품고 작품

모네의 「수련 연못」 오마주

지추 미술관 입구

이 된 셈이다. 지추 미술관에서는 세토 내해 나오시마의 자연 빛을 가장 잘 활용한 건축물과 아름다운 현대미술 작품이 어우러진 세계를 체험할 수 있다.

예술섬으로 완전히 탈바꿈한 나오시마를 보면, 후쿠타케 소이치로 회장의 꿈이 이루어진 것으로 보이기도 한다. 면적이 서울 여의도보다 작은 7.82제곱킬로미터의 작은 섬 나오시마. 대략 1,500여 세대가 모여 사는 인구 3,100여 명의 이 섬에 안도 다다오를 비롯해 세계적인 예술가들의 손을 거친 다양한 예술 공간이 들어서 있다. 예술섬으로 변모한 이곳을 보기 위해 지금도 전 세계에서 수많은 예술가와 관광객이 몰려든다.

그러나 초기에는 그 효과가 나오시마에 한정되었다. 이에 후쿠타케 소이치로 회장은 세토 내해에 있는 다른 섬들도 나오시마의 효과를 함께 누릴 수 있도록 해 그 다음에는 데시마(豊島)로, 그리고 세토 내해 다른 섬들로 점차 확장되어 갔다.

현대 예술을 매개로 한 지역재생

나오시마 프로젝트를 추진한 후쿠타케 회장은 낙후된 세토 내해 다른 섬들도 나오시마처럼 현대 예술을 매개로 다시 살려내고자 했다. 더 많은 관광객들을 불러 모으고, 섬 주민들이 웃으며 즐겁게 살아갈 수 있는 환경을 만드는 데 도움을 주고자 했다. 세토 내해 지역재생의 테마로 섬과 섬 그리고 사람들의 삶을 중심으로 한 예술을 선택했고, 그 가치를 확장하고자 한 것이다. 이러한 노력으로 가가와현 당국과 지역 주민과 전문가가 공조하여 '세토우치 국제예술제(瀬戸內國際藝術祭)'를 개최하기에 이르렀다.

후쿠타케 재단과 가가와현의 긴밀한 협조로 탄생한 세토우치 국제예술제는 2010년 처음 열렸고, 이후 3년마다 한 번씩 세토 내해에 있는 섬을 무대로 펼쳐지는 대규모 국제 현대미술제다. 2010년 7월 19일 '바다의 날'에 개막해 10월

2016 세토우치의 국제예술제와 나오시마 조형물

31일까지 105일간 열렸던 첫 예술제는 나오시마·데시마·메기지마(女木島)·오기지마(男木島)·쇼도지마(小豆島)·이누지마(犬島)·오시마(大島) 등 7개 섬을 중심으로 이루어졌으며, 현청 소재지인 육지의 다카마쓰도 포함되었다.

'예술과 바다를 둘러싼 백일간의 모험'을 주제로 열린 첫 번째 행사는 관람객만 93만여 명을 기록했고, 18개국에서 75명의 아티스트가 참여해 다양한 현대 예술작품을 선보였다. 이들이 만든 76개의 작품은 7개 섬의 8곳에 분산되어 관람객을 맞이했다. 2013년 '예술과 섬을 둘러싼 내륙의 사계(四季)'를 주제로 열린 두 번째 예술제에는 샤미지마(沙彌島)·혼지마(本島)·다카미지마(高見島)·아와시마(粟島)·이부키지마(伊吹島) 등이 추가되어 총 12개의 섬에서 전시가 이루어졌다. 모두 23개국에서 110여 명의 아티스트와 팀이 예술제에 참가했으며, 207개의 출품작은 12개 섬의 14곳에 나뉘어 전시되었다. 세 번째 예술제는 '바다의 복권(復權: 권리 회복)'을 주제로 2016년에 열렸다. 12개 섬과 다카마쓰항, 오카야마현의 우노항 주변에서 봄·여름·가을 세 계절로 나누어 전시되었는데, 총 34개국에서 226명의 아티스트와 팀이 참가해 108일 동안 현대미술의 축제를 벌였다. 봄 예술제 기간에 필자는 안도 다다오의 뮤지엄에서 그를 만나는 행운을 누렸다. 덕분에 '나오시마 프로젝트'에 참여한 그의 생각과 안도 다다오를 중심으로 한 사람들의 열정을 생생하게 느껴볼 수 있었다.

나오시마 프로젝트는 '어린이 캠핑장' 건립을 단초로 하여, 12개의 섬이 함께하는 세계적으로도 유례가 없는 예술제를 개최하는 단계까지 이루어냈다. 2016년 '세토우치 국제예술제'를 찾은 방문객은 총 104만 50명(봄 시즌: 25만 4,284명, 여름 시즌: 40만 1,004명, 가을 시즌: 38만 4,762명)이고, 일본 총무성이 분석한 경제적 파급 효과는 약 139억 엔(약 1,403억 원)과 직접적인 파급효과는 약 86억 엔(약 868억 원)에 달한다(2016년 예술제 기준). 낙후되고 침체되었던 세토 내해 전체가 예술을 매개로 되살아나, 활력 넘치는 지역으로 탈바꿈했다.

안도 다다오 뮤지엄과 친필 사인

함께하는 섬, 나오시마

마을과 함께하는 '이에 프로젝트'

페리를 타고 나오시마 미야노우라항에 도착하면 구사마 야요이(草間彌生)의 「붉은 호박」이 멋진 포토존을 만들며 방문객을 맞이한다. 아름다운 자연환경과 미술관 그리고 주민들의 삶이 조화를 이룬 섬은 그 자체로 예술작품이다. 사람들은 예쁜 셔틀버스와 자전거를 타고 다니거나, 천천히 걸어다니며 동네 곳곳에서 예술을 만난다. 항구 어귀에 자연스럽게 녹아든 독특한 풍경에서 시작된 예술은 삶의 흔적을 고스란히 지닌 포구 앞 골목길을 따라가며 공중목욕탕으로 이

페리 안에서 본 나오시마 미야노우라항

나오시마 미니 셔틀버스

어진다.

어느 마을에나 있을 법한 오래된 공중목욕탕이지만 예술 프로젝트와 만나 'I♥湯(I Love YU)'라는 이름으로 변신하여 독특한 느낌을 주고 있다. 온천물을 뜻하는 '湯(끓일 탕)'의 일본어 발음이 '유'라는 데서 착안한 이 이름 앞에서 무릎을 치는 사람은 필자만이 아닐 것이다. 일본을 대표하는 현대미술 작가인 오타케 신로(大竹伸朗)의 주도 아래 과거의 일상과 현재의 예술이라는, 목욕탕이면서도 미술작품인 특별한 공간으로 재탄생했다. 외관부터 눈길을 끄는 디자인으로 그 자체가 좋은 포토존인 목욕탕은 내부의 독특함과 어우러져 사람들의 발걸음을 끌어당긴다.

마을의 흉물이었던 나오시마 빈집들은 '집'을 뜻하는 '이에(いえ:家)' 프로젝트를 통해 다시 태어나, 그 자체가 지역의 문화가 되고 예술이 되었다. '이에 프로젝트'는 1997년 나오시마 섬 혼무라 지구의 한 주민이 주민 센터에 집을 기증하면서 시작되었다. 혼무라 지구는 나오시마에서도 특히 오래된 마을로, 주로 신사나 성터 같은 것들이 남아 있는 지역이었다. 기증된 집 역시 230여 년이나 된 오래된 가옥이었다. 보존하기엔 그리 특별할 것도 없는 집이었지만, 세월과 삶의 흔적이 곳곳에 남아 있었다. 오랜 고민 끝에 이 집을 현대미술로 재단장하기로 뜻을 모았다.

I♥湯(I Love YU)

후쿠타케 회장이 앞장서고, 설치미술가인 미야지마 다쓰오(宮島達男)가 주도해서 이에 프로젝트가 첫발을 내딛었다. 우선 낡고 버려진 집을 개조해 작품으로 만든 다음 주민들이 이 상황을 어떻게 받아들이는지, 그리고 그것이 마을 안에서 어떻게 기능하는지 차차 관찰하며 프로젝트를 진행하기로 했다. 처음에는 별 반응이 없던 마을 주민들이 차츰 목소리를 내기 시작했고, 마을의 버려진 장소였던 폐가·폐교·공터로 눈길을 돌렸다. 마을에 산재해 있던 '기존의 유휴 장소'들이 새로운 문화예술 공간으로 재탄생하는 순간이었다.

마을은 생활 속에 함께하는 미술관으로 확연하게 변모했다. 이에 프로젝트 1호 '가도야(角屋)'를 시작으로 절터에 안도 다다오와 제임스 터렐이 함께 지은 '미나미데라(南寺)', 옛 신사를 현대미술과 접목한 '고오진자(護王神社)', 버려진 치과병원을 개조한 '하이샤(はいしゃ)', 옛 기원(棋院)을 재생시킨 '고카이쇼(碁會所)', 200년 된 가옥을 전통 기법으로 살려낸 '긴자(きんざ)', 제염업으로 번성한 가문의 저택을 되살린 '이시바시(石橋)' 등이 잇따라 들어섰다. 그사이에 혼무라 지구와 '이에 프로젝트'는 더욱 유명해졌다.

주민들은 이러한 과정을 통해 마을에 자부심을 갖게 되었고, 자발적으로 자기 집 앞에 화단을 가꾸고 골목을 단장하기 시작했다. "어디 어디에 꽃을 놓으면 좋겠어요" "쓰레기

고오진쟈(위)와 하이샤(아래)

를 좀 더 잘 치웠으면 좋겠어요" 등 소소하고 다양한 의견들을 내며 다들 마을 가꾸기에 동참했다. 그들은 마을 골목길을 따라 집집마다 꽃밭을 만들고, 예쁜 문패를 달고, 구사마 야요이의 '호박' 미니어처를 담장에 올려놓으며 나오시마의 특색을 함께 만들어나갔다.

나오시마의 예술 프로젝트가 특별할 수 있는 것은, '이에 프로젝트'를 통해 완성된 나오시마 예술섬의 예술이 결코 몇몇 기업가와 예술가의 손에서 탄생된 것이 아니기 때문이다. 이에 프로젝트를 진행하는 모든 과정에 주민들의 도움과 목소리와 참여가 있었다. 주민들 스스로 홍보와 안내를 맡았을 뿐 아니라, 섬의 정체성을 해치지 않기 위해 정해진 집 이외에는 개발을 자제하며, 지역 역사의 흔적을 발굴하고 이야기를 만들어가는 등, 주민들이 곧 프로젝트의 주체였다. 이렇듯 처음 씨를 뿌린 사람은 기업가와 예술가였지만, 예술섬이 지역 토양에 뿌리내리도록 힘쓴 중심에는 마을 주민들이 있었다. 외부의 다른 누군가가 아닌 주민 스스로가 애정을 갖고 자발적으로 참여했기 때문에 이후의 프로젝트가 지속가능한 나오시마만의 특색을 지니게 되었다.

주민과 함께하는 예술 축제

나오시마의 가치를 더욱 빛나게 하는 것은 앞에서도 언급한 '세토우치 국제예술제'의 존재다. 지역 어디에나 한두 가지씩 치러지고 있을 법한 이 예술제만의 특성은, 예술이 단초가 되고 있음에도 불구하고 예술가들을 위한 축제가 아니라는 점이다. 어려운 현대미술이나 다른 사람의 예술이 주인공이 아니라, 섬 자체가 주인공이 되는 '지역 전체의 축제'라는 사실이다.

세토우치 국제예술제는 일반적인 국제미술전 등과는 다르게, 적지 않은 작품들이 영구적으로 설치된다. 또한 바다와 섬을 무대로 살아가는 주민에게 초점을 맞추고, 예술을 수단으로 이 지역을 재생하는 데 핵심 가치를 두고 있다. 예술은 섬의 아름다움과 그 안의 주민들의 삶을 주제로 그 가치를 확장하여 섬과 사람을 이어주는 역할을 한다. 이는 세토우치 국제예술제의 콘셉트나 홍보 방식만 봐도 알 수 있다. 2010년 시작된 예술제는 결코 예술작품을 전면에 내세우지 않고, 그저 바다와 섬의 이미지를 강조하고 알릴 뿐이다. 국제예술제의 콘셉트는 아예 미술이나 예술 용어와는 관련 없이 '고유성' '지역' '커뮤니티'와 같은 가치를 중시한다.

나오시마 프로젝트, 세토우치 국제예술제에 대해 후쿠타

케 회장과 가가와현이 갖고 있는 철저한 주민 주도적 사고 방식을 통해 섬과 지역에 대한 그들의 애정을 읽을 수 있다. 예술은 수단일 뿐, 목적은 지역의 재생과 그 안에 살고 있는 사람들의 행복이다. 주민의 삶에 주목한 접근법이 이 지역 전체의 재생을 견인하는 주축이 되는 것이다. 주민이 주인이 되는 예술 축제의 활발한 분위기는 세토우치 국제예술제가 지금까지 지속되는 원동력이 되고 있다.

나오시마가 우리에게 전하는 이야기

예술, 게다가 현대미술이라고 하면 사람들은 누구나 어렵게 생각한다. 예술을 즐기러 배를 타고 섬으로 오게 한다는 발상은 보통 사람에게는 더욱 어려운 이야기이다. 그럼에도 불구하고 사람의 삶을 중심으로 자연과 예술을 연계한 나오시마는 단계적으로 차근차근 성공을 이루어냈다. '예술섬 나오시마'로 상징되는 세토 내해의 도시재생은 우리에게 많은 질문과 답을 던진다.

나오시마 사례가 우리에게 주는 답의 원리는 '예술'이라는 주제를 '지역의 모습'과 '주민의 삶'을 중심으로 어우러질 수 있도록 노력했다는 데에 있다. 그곳만이 지닌 고유의 지역성과 사람들의 힘을 바탕으로 민관이 함께 각자의 역할을 충실히 수행했기에 예술을 테마로 삼았으면서도 주민이 주체가 된, 지속가능한 도시재생의 사례가 될 수 있었다.

우리는 흔히 낙후된 공간을 헐어버리고, 그 자리에 편리하고 선진화된 최신식 공간을 세우는 것만이 도시를 재생하는 일이라고 생각한다. 하지만 그것은 도시재생이기보다는 그저 도시 정체성을 무시한 '재개발'에 지나지 않는다. 최근 국내의 지자체들에서도 나오시마의 성공 사례를 벤치마킹하여 낙후된 공간을 예술로 재생하려는 계획들이 수립되고 있다. 외형만을 보고 유명 건축가나 예술가가 주도하여 나오시마의 성공을 이끈 것으로 잘못 인식하고 접근한다면, 실패만 불러올 수 있다는 것을 잊지 말아야 한다.

나오시마의 성공 요인은, 뚝심 있게 추진한 기업과 전문가그룹 그리고 행정기관의 지원이 주민과 힘을 합해 섬이라는 지역성에 예술을 덧입혀 삶과 어우러지는 예술섬으로 만든 데 있다. 결국 성공의 중심은 사람이다. 지역 주민의 삶을 행복하게 하는 것, 또한 주민들이 지속가능하게 그곳에서 살아갈 수 있도록 해주는 것. 이것이 도시재생의 목적이자 가장 큰 가치라는 사실을 나오시마는 증명하고 있다.

제4장

런던 테이트 모던

현대미술의 메카가 된
화력발전소

발전소가 박물관이 되기까지

낙후된 지역의 발전소에 관심을 가진 사람들

'해가 지지 않는 나라', 과거에 영국이 불리었던 또 다른 이름이다. 당시 영국은 세계 패권을 쥐고 있었고, 꽤 오랫동안 그 패권을 유지하며 '열강' 대열 선두에 자리했다. 그러한 영국의 힘은 산업 분야에서도 다르지 않았다. 산업혁명으로 일컬어지는 획기적인 기술혁신과 함께 사회·경제 구조의 변혁을 주도했던 국가가 바로 영국이다.

템스강은 이러한 영국 산업혁명의 중심이었다. 수많은 배들이 세계 각지에서 다양한 물자를 싣고 템스강을 통해 런던으로 들어왔고, 자연스럽게 템스강 주변으로 많은 공장과 물류창고 등이 우후죽순처럼 세워졌다. 그러나 이러한 '템스 강의 번영'은 영원하지 않았다. 기술혁신과 격변의 시기를 겪으며 런던의 풍경이 또다시 달라졌기 때문이다. 당시 배가 하던 일들은 금세 기차와 자동차가 대신하게 되었고, 그 여파로 템스 강변의 수많은 공장과 창고는 문을 닫았다. 사람들이 떠나간 공간, 그곳엔 지난 시절의 화려함을 뒤로 하고 쓸쓸함밖에 남아 있지 않았다.

'뱅크사이드 화력발전소(Bankside Power Station)' 또한 이렇게 가동을 멈춘 곳들 중 하나였다. 영국의 빨간 공중전화 박스를 디자인한 유명한 건축가 자일스 길버트 스콧(Giles Gilbert Scott)이 설계한 뱅크사이드 화력발전소는, 제2차 세계대전 직후인 1960년대부터 런던 시내에 전기를 공급한 곳으로 산업의 중추 역할을 담당했었다. 그러다가 유가 상승, 생산 효율 하락, 공해 문제 등의 이유로 1981년 가동을 멈추고 폐쇄되었다. 화력발전소는 오랜 시간 동안 런던의 산업 성장을 견인하는 사회 기반 시설이었지만, 폐쇄된 이후에는 템스 강변의 덩치 큰 애물단지에 불과했다. 20여 년 동안 방치된 이 거대한 공간은 도시의 흉물로 전락했고, 주변은 우범지대로 변해갔다. 지역사회의 골칫거리였던 이곳을 눈여겨본 것은 '테이트 재단'이었다.

영국의 대표적인 예술재단인 테이트 재단은 설탕 재벌이던 '헨리 테이트(Sir Henry Tate)'가 1897년, 67점의 회화와 3점의 조각품을 국가에 기증하면서 본격적인 활동을 시작했다. 당시 테이트 재단은 밀뱅크 교도소 부지에 '국립영국미술관(National Gallery of British Art)'이라는 이름의 테이트 브리튼(Tate Britain) 갤러리를 개관했다. 하지만 이후 작품을 전시하기에는 전시 공간이 부족하여 이를 확보하기 위해 분관을 설립하고자 했다. 1992년 테이트 재단은 현대미술 작품을 전시할 새로운 미술관 건립 계획을 발표하고 부지를 물색했으나 마땅한 부지를 찾지 못하고 있었다.

그러던 와중에 템스강을 운행하는 수상버스로 출퇴근하던 직원이 새 미술관 부지를 해결할 수 있는 좋은 대안으로 뱅크사이드 화력발전소 건물을 제안했다. 큐레이터 겸 관장이었던 니컬러스 세로타(Nicholas Serota)는 발전소를 방문하여 살펴본 뒤 새 미술관 부지로 낙점하고, 이듬해에 국제설계공모전 실시 계획을 발표했다. 거의 버려지다시피 한 발전소 부지에 미술관을 짓겠다고 했을 때, 모두들 의외라 생각했을 것이다. 하지만 테이트 재단은 이미 밀뱅크 교도소 부지를 미술관으로 바꾼 경험이 있었기에 그 발상을 실현시켰을 것이다.

공간의 가치와 기억을 지키는 개발

1994년, 국제설계공모전이 성황리에 열렸다. 렘 콜하스 (Rem Koolhaas), 안도 다다오 등 스타 건축가를 비롯해 수많은 건축가들이 도심의 흉물로 방치돼 있던 발전소를 대체해 도시의 랜드마크가 될 수 있는 새로운 미술관의 청사진을 제안했다. 그중에서 신축을 당연시하던 20세기 건축의 불문율을 깨뜨리고 '리노베이션(Renovation)' 방식을 도입한 '헤르조그 앤드 드 뫼롱(Herzog & de Meuron)'이 출품한 시안이 최종적으로 채택되었다.

기존 외관은 최대한 보존하고 내부 형태만 미술관 용도에 맞게 변형하자는 제안은 당시로서는 상당히 파격적이었다. 스위스 바젤 출신의 건축가 자크 헤르조그(Jacques Herzog)와 피에르 드 뫼롱(Pierre de Meuron)은 화력발전소가 템스강을 사이에 두고 영국의 상징인 세인트폴 대성당과 대칭을 이룰 수 있도록, 발전소 굴뚝은 그대로 둔 채 기존 건물 상부에 박스 형태의 건물을 증축해 공간을 확장하는 심플한 디자인을 제안했다.

사실 뱅크사이드 화력발전소는 낙후되고 방치된 시설이기는 했으나 한때 영국 번영기의 상징이던 산업 유물로, 그 공간의 정체성을 그냥 사장시키기엔 아까운 곳이었다. 그래

밀레니엄 브리지

테이트 모던 미술관 터빈홀 조성 전과 후

서 공간의 정체성과 주요 모습을 살리면서도 기존 건물과 어울리는 공간의 증축 방향을 제시한 디자인은 '현재와 과거의 결합'이라는 가치를 지닌 방안이었다. 뿐만 아니라 템스 강을 중심으로 세인트폴 대성당과 형태상 대칭을 이루는 거시적인 감각은 공간에 생명력을 더해주었다. 화력발전소 건물을 런던의 상징으로 만들겠다는 강한 의지가 엿보이는 작품이었다.

테이트 재단은 영국 정부의 '밀레니엄 프로젝트(Millennium Project)'와 연계하여 정부 출연 자금 30퍼센트, 민간 자금 70퍼센트의 재정 구조를 갖추고 공사에 돌입해, 뱅크사이드 화력발전소를 '테이트 모던(Tate Modern)'이라는 미술관으로 탈바꿈시켰다. 2000년 5월 12일, 뱅크사이드 화력발전소를 새롭게 리모델링하여 재탄생시킨 테이트 모던 미술관이 대중 앞에 첫선을 보였다. 테이트 모던을 디자인한 헤르조그와 드 뫼롱은 이듬해인 2001년, 낙후된 옛 건물을 사람들이 즐겨 찾는 문화 공간으로 변신시킨 공로를 인정받아 건축계의 노벨상이라 불리는 '프리츠커 상'을 수상했다.

지역의 삶을 바꾼 미술관

자연스럽게 시작된 '재생'이라는 화두

테이트 모던을 이야기하면서 런던의 '밀레니엄 프로젝트'를 언급하지 않을 수 없다. 주지하다시피 런던은 역사·문화·경제·정치 등 각 분야에서 세계를 주도하는 도시다. 또한 버킹엄 궁전, 대영박물관, 웨스트민스터 대성당 등 역사 유적과 가치가 켜켜이 쌓여 있는 도시이기도 하다. 그러나 찬란한 역사의 도시인 런던도 도시 기반 시설의 부족과 인구 증가, 또 그로 인해 부족해진 건물 수요 등 다양한 이유로 도시의 낙후된 건축물을 그대로 유지할 수 없는 상태에 이르렸고, 급기야 1990년대 후반 들어 도시의 재생 또는 개발의 필요성이 강하게 대두되었다. 이에 당시 수상이었던 존 메이저(John Major)는 21세기 영국의 새로운 부활을 예고하는 범국가 차원의 대규모 사업인 '밀레니엄 프로젝트'를 추진하게 된다.

1993년부터 시작된 이 프로젝트는, 세계표준시(GMT)의 나라로서 새로운 천년을 맞이하여 기념비적 건축물을 건설함으로써 영국의 새로운 도약을 대내외에 알리겠다는 정부의 의지가 반영된 것이기도 했다. 이 프로젝트의 중점 과제는 템스 강변의 대관람차 '런던아이(London Eye)'와 런던 동쪽 그리니치 반도의 '밀레니엄 돔(Millennium Dome)' 건설, 지하철인 '주빌리 라인(Jubilee line)'의 낙후된 템스강 남부 지역으로 연장 건설, 지역 간 균형 발전을 위해 템스강 남쪽과 북쪽을 보행교로 연결하는 '밀레니엄 브리지(Millennium Bridge)'와 뱅크사이드 화력발전소를 미술관으로 새롭게 재생하는 '테이트 모던 갤러리'의 건립 등이었다. 테이트 모던의 탄생은 하나의 프로젝트가 아니라, 런던 안의 다른 공간들과 함께 유기적으로 연결된 도시재생 프로젝트의 일환이었던 셈이다.

밀레니엄 프로젝트 중에서도 특히 중점을 둔 사업은 장기간 버려졌던 템스강 남쪽 지역을 활성화할 목적으로 추진한 문화·예술 사업인 테이트 모던 갤러리의 건설이었다. 뱅크사이드 화력발전소 부지는 템스 강변이라는 지리적 여건과 넓은 면적, 지하철과 가깝다는 이점을 가지고 있어서 부지 활용이라는 측면뿐 아니라 건립 후 지역 문화·예술의 중심지로서 다양한 활용과 성장을 기대할 수 있었다.

뱅크사이드 화력발전소가 위치한 템스강 남쪽 서더크(Southwark)는 오래전부터 폐허로 방치된 부둣가 지역인 데다 상대적으로 런던 내 다른 문화·관광 시설과 떨어져 있어, 이곳에 미술관이 들어서면 고립될 수도 있었다. 그러나 테이트 모던은 자체 노력과 발상의 전환을 통해 관광객이나 관람객의 접근성을 높이는 동시에 다른 미술관과의 연계성 또한 확보하는 방안을 연구하고 실행했다. 그중 하나가 대영박물관과 테이트 브리튼, 테이트 모던을 순회하는 무료 셔틀버스의 운행이다. 또 테이트 모던을 방문할 때는 기존의 다른 미술관과 연계된 보트를 이용할 수 있는데, 이 보트는 템스강을 오가며 테이트 브리튼과 런던아이, 테이트 모던 등을 이어준다. 이렇게 관람객의 편의를 도모하고 각 미술관을 연결시키는 일에 힘을 쏟았다.

본래 테이트 모던이 위치한 서더크 지역은 런던의 다른 지역에 비해 문화적으로 다소 뒤떨어진 곳이었다. 그런데 현대미술 갤러리인 테이트 모던이 들어서고 관람객을 끌어들

테이트 모던 갤러리를 즐기는 사람들

이는 노력이 더해지면서 이 지역의 예술·문화가 점점 발전하게 되었다. 공간의 변화가 지역 커뮤니티의 발전을 이끌어 낸 것이다.

물리적 공간 재생을 넘어선, 도시재생

테이트 모던 갤러리의 외관은 수백만 장의 벽돌로 마감되어 있다. 길이 200미터의 대규모 공간은 극적인 효과를 연출하는 아름다운 미술관으로 재탄생했는데, 무겁고 어두운 천장을 걷어낸 자리에 유리를 얹어 자연광이 내부로 스며들게 하여 빛과 어우러지는 공간을 만들었다. 굴뚝과 벽돌, 높은 천장, 그리고 철강 구조물은 이곳이 예전에 화력발전소였음을 기억하게 하며, 여기에 약간의 변형을 통해 미술관으로서의 아름다움을 놓치지 않는다. 외형은 그대로 남겼지만, 그 안에 담긴 내용은 문화·예술을 꽃피우는 아름다운 장소이자 도시의 쉼터로 변모한 것이다. 원래 화력발전소에서 사용하던 99미터 높이의 중앙 굴뚝은 반투명 건축 소재를 사용해 야간 발광체로 만들어 밤이면 빛나는 보석처럼 보이도록 했다. 이 굴뚝은 산업 유물의 상징에서 미술관의 상징이자 도시의 랜드마크로 변모했다.

테이트 모던 갤러리는 단순히 예술품을 전시하고 관람하는 공간에 그치지 않는다. 이곳이 '현대미술의 메카'가 될 수 있었던 것은 갤러리를 구성하는 다양한 공간에서 출발한다. 건물은 크게 전시 공간과 휴게 공간으로 나뉘어 있고, 내부는 1900년대부터 현재까지의 현대미술 전시관 등으로 구성되어 있다. 먼저 1층은 주출입구로, 개방형·초대형 전시 공간인 '터빈홀'이 자리하고 있다. 2층에는 템스 강변과 밀레니엄 브리지로 연결되는 출입구와 카페·세미나실·아트숍·강당·전시실 등이 있다. 3층과 5층은 상설 전시 공간, 4층은 기획 전시 공간, 6층은 멤버스룸, 7층은 레스토랑 등으로 이루어져 있다. 이처럼 전시실뿐 아니라 세미나실과 강당, 휴게 공간 등을 적절히 배치함으로써 지역 주민이나 외지 방문객이 예술을 폭넓게 즐길 수 있는 물리적 기반을 마련해두었다. 이는 테이트 모던이 다양한 프로그램을 통해 사회적 소통의 장으로 발전하는 데 크게 기여했다. 특히 주민 참여 프로그램을 통해 지역공동체를 함께 아우른 것은 테이트 모던이 단순한 미술관이 아닌, 지역의 문화 가치를 이끌어가는 견인차 역할을 수행하고 있음을 보여준다.

대표적인 예로, 2001년 '매직 미(Magic Me)'라는 교육·예술 자선단체가 다양한 연령대의 주민들을 모아 지역사회와 공간의 소통을 위한 회의를 주최한 것을 들 수 있다. 또한 2004년에는 자선단체 '보스트(BOST: Bankside Open Space Trust)'를 통해 지역개발 프로젝트가 진행되었다. 갤러리 주변 지역에 문화시설이나 녹지가 부족하다는 점에 착안해 지역 주민들이 이용할 수 있는 미팅 룸과 영화감상 클럽을 만들었으며, 입구에는 정원도 조성했다. 10주년 기념 전시 때는 세계적인 작가들이 주민들과 텃밭을 만드는 프로젝트를 진행하기도 했다. 이렇듯 테이트 모던은 지역의 문화단체들과 컨소시엄을 구성해 늘 정보를 교환하고 있으며, 2016년 말 신축된 신관을 이용해 교육 프로그램을 활성화하고 교류를 강화하고 있다. 이 같은 주민 참여 프로그램을 진행하면서 테이트 모던은 지역사회와 주민의 의견을 수렴하여 지역 공동체와 공간을 개선하는 데 앞장서고 있다.

이러한 특별 이벤트를 제외하고 상설로 운영되는 프로그램에서도 테이트 모던이 관람객과의 소통을 얼마나 중시하는지 알 수 있다. 테이트 모던에는 기존의 다른 미술관이나 박물관에서 운영하는 오디오 가이드 시스템 외에도 장애인을 위한 프로그램이 별도로 운영되고 있다. 시각장애인이 촉각을 이용하여 작품을 감상할 수 있도록 한 '터치 투어(Touch Tours)'를 비롯하여, 시청각장애인을 배려한 프로그램을 손쉽게 접할 수 있다. 미술관의 모든 전시 작품은 상세한 설명을 담은 인포메이션 텍스트와 함께 전시되는데, 작품 옆에 붙은

캡션은 글을 읽지 못하는 관람객을 위해 왕립시각장애인협회(RNIB: Royal National Institute for Blind) 가이드라인에 맞춰 제작되었다.

교육 프로그램 콘텐츠 또한 매우 세분화되어 있다. 강좌·토론·영화 상영 등 다양한 프로그램을 진행하고 있으며, 학교 교육의 일부를 미술관이 담당하기도 한다. 주로 주말과 휴일에 진행되는 가족을 위한 프로그램과 함께, 5세 미만의 유아 또는 15~23세의 청소년층을 대상으로 하는 프로그램도 활성화되어 있다. 이렇듯 지역 주민의 삶과 밀착된 다양한 프로그램 운영을 통해 테이트 모던은 진정한 도시재생을 이룩해가고 있는 것이다.

테이트 모던은 수시로 변하는 관람객들의 니즈를 속속들이 파악한 다음 이를 제대로 수용하기 위해 전담 마케팅 부서를 따로 두고 있으며, 인력 구성에서도 남다른 통찰력을 발휘하고 있다. 즉 큐레이터보다 더 많은 수의 미술관 경영·교육 분야 인력을 운용해 고객과 지역을 위한 눈높이 경영철학을 실천하고 있다.

테이트 모던이 건립된 2000년 한 해 동안 영국의 박물관과 미술관을 찾은 관람객 수가 20퍼센트 정도 증가했는데, 방문객 중 70퍼센트가 영국인이고 다시 그 절반 정도가 지역 거주민이었다고 한다. 이러한 사실에 비추어볼 때 테이트 모던이 지역사회의 높은 지지를 얻을 수 있는 것은, 본래의 장소성을 간직하고 있기 때문이기도 하지만, 특히 주민 참여 프로그램을 통해 지역 주민들과 적극적으로 소통하고자 한 자세와도 무관하지 않다고 생각된다.

테이트 모던의 도시재생

도시재생이 추구해야 할 가치는 무엇인가

테이트 모던 사례를 살펴보면, '미술관 하나를 지었을 뿐인데 지역사회가 어쩌면 저렇게 변했을까' 하는 생각이 든다. 우리는 이 사례에서 관광 효과, 주민의 문화예술 활동 상승, 지역의 슬럼화 극복, 삶의 질 향상 등 다양한 분야에서 매우 큰 변화를 이루어낸 것을 보게 된다. 바로 도시재생이 진정으로 추구해야 하는 가치가 무엇인지를 명확히 보여주는 사례인 것이다.

우리가 살아가는 도시는 이제까지 쌓아온 시간과 역사로

인해 많은 공간이 점차 포화 상태에 이르고 있다. 하지만 이러한 도시의 역사와 시간을 전부 불도저로 밀어버리고 새로운 도시를 건설할 수는 없는 노릇이다. 테이트 모던의 경우, 실용성과 전통을 소중히 여기는 영국 건축의 리뉴얼에 대한 기본 개념이 적용되어 매우 큰 성공을 거둔 사례라고 할 수 있다. 유럽의 많은 나라들이 그러하듯이 영국 또한 오랜 시간 쌓인 도시의 정체성과 가치, 역사를 전통이라는 이름으로 매우 소중하게 여긴다. 전통을 지키면서도 실용성을 잃지 않는 그들의 사고방식이 도시 전체가 박물관이고 미술관인 지금의 런던을 만들었다고 해도 과언이 아닐 것이다.

테이트 모던 사례에서 우리가 중점을 두고 살펴봐야 할 부분은 공간의 재생 이후에 있었던, 추후의 활동이다. 도시의 역사와 정체성이 남아 있는 산업 유물을 리뉴얼해낸 방식 자체도 매우 의미가 크며 배울 점이 많다. 하지만 더 주목해야 할 점은 테이트 모던이 문을 연 이후의 행보라 할 수 있다. 테이트 모던은 난해한 현대미술을 보여주는 단순한 전시장이 아니라, 주민들의 삶에 문화와 예술이 깃들 수 있도록 지원하고, 그 방안을 지속적으로 연구하며 성장하고 있다. 지역 주민과 함께 어울리고, 관람객이 문화예술을 향유할 수 있도록 편의를 제공하고, 나아가 예술가들의 활동을 지원하는 방법을 연구·실행하면서 테이트 모던은 지역과 주민, 예술가 모두와 함께 성장하고, 그러면서 지역의 역사를 새로이 써나가고 있다.

도시재생은 단순히 공간의 가치를 보존하고, 이를 현실에서 활용할 수 있도록 업그레이드하는 데서 그치지 않는다. 그 안에서 이루어지는 활동과 역할, 계획이 주민의 삶을 바꾸고 도시의 역사를 새로이 써나갈 때, 진정한 의미의 도시 재생이 이루어지고 있다고 할 수 있다. 이러한 맥락에서, 어쩌면 도시재생은 완료되거나 한 두 번의 프로젝트로 끝나고 마는 것이 아니라, 늘 '현재진행형'으로 수행되어야 하는 것이 아닐까 생각한다.

제5장

토론토 디스틸러리 디스트릭트

버려진 양조장의 변신

100년이 넘도록 양조장이었던 그곳

북미 지역 최고의 양조장이 문을 닫다

어떤 공간이든 그곳만이 쌓아온 고유한 역사와 정체성이 있다. 그러나 시간이 흐르고 시대가 바뀌면 한 분야의 대명사로 인식되며 거대한 명성을 쌓았던 곳도 사람들의 기억 속에서 사라진다. 특히 그 역할과 이미지가 견고한 경우에는 아예 쓸모를 잃고, 다른 정체성을 찾기가 더욱 어려워지기도 한다. 미국 자동차 산업의 상징과도 같았던 디트로이트가 경제력을 잃은 뒤 그저 '쇠락한 옛 산업 중심지'의 상징으로 남아버린 것처럼 말이다.

캐나다 토론토에 위치한 '디스틸러리 역사지구(The Distillery Historic District)'는 윌리엄 구더햄(William Gooderham)과 제임스 워츠(James Worts)가 공동으로 건축한 위스키 증류소 단지다. 과거엔 '구더햄 앤드 워츠 양조장(Gooderham & Worts Distillery)'이라는 이름으로 불렸다. 1832년, 대영제국 시대에 만들어진 이곳은 한때 세계 최고의 양조장으로 인식되기도 했다. 토론토의 만(灣) 가장자리에 세워진 이 붉은 벽돌 건물은 금세 이 지역의 상징이 되었고, 본격적으로 술을 만들기 시작한 이후부터 1860년대 후반까지는 세계에서 가장 큰 양조장으로 성장했다. 당시 이 양조장의 생산량은 한 번에 200만 갤런(약 760만 리터) 이상의 위스키를 세계 각지로 공급할 수 있을 정도였다. 1880년대에는 캐나다 몬트리올과 핼리팩스, 미국 뉴욕, 아르헨티나 부에노스아이레스 등 북미는 물론이고 남미 지역까지 위스키를 수출하며 그 위상을 널리 떨치기도 했다.

그러나 잠깐의 전성기가 지난 뒤로는 쇠퇴 일로를 걸었다. 1926년, 구더햄 양조장은 모회사인 하이람 워커(Hiram Walker)에 합병되었다. 20세기에 연이어 불어닥친 금주령·세계화·탈산업화 등으로 양조장은 위기를 맞았고, 이런 시대 상황 속에서 점차 쇠퇴하기 시작했다. 1990년대까지 위스키와 럼주 등을 생산하기는 했으나, 점차 경쟁력을 잃은 양조

장은 결국 문을 닫았고 건물들은 기능을 잃은 채 방치되기
에 이르렀다.

1938년의 구더햄 앤드 워츠 양조장

역사지구가 된 양조장,
토론토를 대표하는 문화 공간으로 거듭나다

'디스틸러리 역사지구'로 불리는 이곳의 정식 명칭은 '구더햄 앤드 워츠 양조장-디스틸러리 디스트릭트(The Distillery District)'로, 대영제국 당시 건축된 빅토리아식 산업 건축물 중에서 가장 큰 규모를 자랑하는 곳이다. 면적은 13에이커 (5.3헥타르, 1만 6,000여 평)이고, 여기에 40여 개의 건물과 10개의 거리가 들어서 있다. 옛 건축물의 양식이 비교적 잘 보전돼 있다는 점에서 가치가 높은 공간이었다. 워낙 크고 상징적인 부지였기에 죽어가는 공간을 재생하자는 의견이 대두된 것은 무척이나 자연스러운 일이었다. 2001년 1월, 시티스케이프 홀딩스(Cityscape Holdings Inc.)와 월리스 스튜디오(Wallace Studios)는 '구더햄 앤드 워츠'가 소유하고 있던 이 크고 오래된 양조장을 1,500만 달러에 매입했다. 그들은 양조장의 기능이 사라진 이곳을 예술과 문화, 엔터테인먼트의 중심지로 변모시켜 새로운 생명을 불어넣고자 했다. 그리고 리모델링 작업을 거쳐 2003년, 현재의 '디스틸러리 디스트릭트'의 모습을 갖추고 개장하기에 이르렀다.

디스틸러리 디스트릭트의 역사적 가치가 처음 공식적으로 인정받은 때는 1976년 4월 14일이었다. 당시에 단지

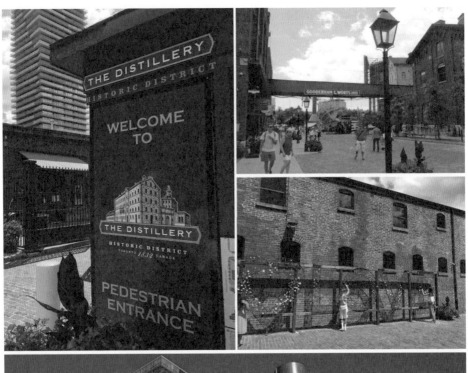

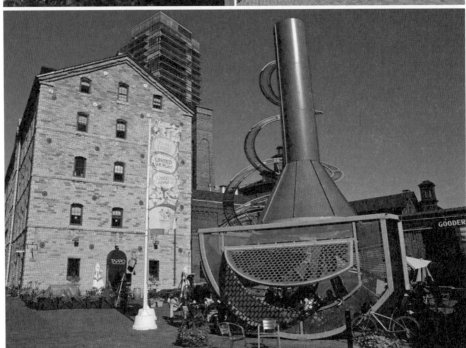

현재 디스틸러리 디스트릭트 모습

의 건축 시기와 형태, 규모, 보전 상태 등이 가치를 인정받아 역사지구로 지정되었다. 역사지구로 지정된 덕분에 이곳은 'Ontario Heritage Act Designation-Park 4 National Historic Site(온타리오 헤리티지 액트 데지네이션 온타리오 문화유산법)', 즉 온타리오 주의 문화재 보호 관련법에 따라 보호를 받는 문화재가 될 수 있었다. 하지만 역사지구 지정이 단지 해당 장소를 보존하는 데만 그치는 것은 아니었다. 이곳으로 사람들이 모여들게 하고, 기존의 역사와 정체성에 한정되지 않는 새로운 역사와 문화를 써 내려갈 수 있도록 무척이나 다양한 시도들이 이루어졌다. 이렇게 지속적인 재생작업을 거침으로써 비로소 현재의 모습을 갖추게 된 것이다.

오늘날 디스틸러리 디스트릭트는 보행자만이 다닐 수 있는 문화의 거리이자, 아기자기하고 예쁜 가게들이 즐비한 '핫 플레이스'로 손꼽힌다. 양조장과 관련된 기존 건물과 시설물은 100여 개가 넘는 갤러리, 박물관, 공연장, 부티크, 상점, 예술가의 공방과 스튜디오, 식당, 술집, 카페 등으로 탈바꿈해 사람들을 불러들이고 있다. 또한 고풍스러운 분위기와 오래된 건물들이 가진 아름다움은 「시카고」 「엑스맨」 등 800편이 넘는 영화와 TV 드라마 촬영장으로 활용되는 바탕이 되었다. 이제 디스틸러리 디스트릭트는 토론토의 명소로, 그리고 만남의 장소로 사랑받으며 새롭게 태어났다.

디스틸러리 디스트릭트 아트 갤러리

그렇다고 해서 이곳이 과거의 모습을 완전히 잃어버린 것은 아니다. 자갈길, 격자 도로망, 빅토리아 시대의 산업 건축물 등 역사적 가치가 깊은 공간들은 옛 모습을 간직한 채 자리를 지키고 있다. 잘 보전된 건물에 적절한 리모델링이 더해지니 사람들의 방문을 유도할 만한 트렌디한 공간이 생겨났다. 이곳에는 방문객들이 좋아할 만한 포토존이 되어주는 많은 예술품과 조각상이 전시되어 있다. 또한 복원과 리노베이션을 적절히 수행한 덕분에 과거 양조장 흔적이 구석구석 많이 남아 있어, 그 자체만으로도 많은 볼거리를 건네며 역사성을 짐작하게 한다. 원래 기능을 잃어버렸지만 그렇다고 완전히 다른 공간이 될 수도 없었던 양조장이 토론토의 예술과 문화, 역사와 엔터테인먼트가 공존하는 새로운 문화 공간으로 자리매김하게 된 것이다.

디스틸러리 디스트릭트가
하고자 하는 이야기

양조장의 특색 있는 변모

과거의 구더햄 앤드 워츠 양조장, 현재의 디스틸러리 디스트릭트는 결국 보전 가치가 높은 역사·문화 자산을 재생해 상업적으로 성공한 사례라고 할 수 있다. 지난 시대가 남긴 산업유산으로서 가치를 인정받은 문화재로부터 출발해, 과거의 산업과 현재 및 미래의 문화·예술이 공존하며 새로운 문화와 역사가 매일 다시 쓰이고 있는 창조적인 문화 공간이 된 것이다.

디스틸러리 디스트릭트의 과거와 현재

디스틸러리 디스트릭트를 찾는 사람들은 이곳의 산업 유물을 감상하면서 특별한 하루를 보낸다. 마치 시간을 거슬러 올라간 듯한 고풍스런 분위기 속에서 쇼핑을 하고, 식사를 하고, 결혼식을 여는 등 그 속에서 각자의 특별한 일상을 만들어간다. 또한 이곳에서 활동하는 예술가들은 다양한 작업과 예술 생산 활동, 문화적 시도를 통해 현재와 미래의 예술 역사를 만들어나간다. 낡음과 새로움이 조화를 이루고, 산업 시대의 유산과 현대적 디자인과 예술이 공존하는 디스틸러리 디스트릭트는 그만의 독특한 아름다움을 지닌 복합 문화 공간이자 역사적 가치를 지닌 특별한 공간으로 재생하는 데 성공했다.

장소의 성격이 술을 생산하는 양조장에서 복합 문화 공간으로 격변을 거친 반면, 막상 공간의 물리적 변화는 크지 않았다. 양조장 건물이 지녔던 특성들은 최대한 있는 그대로 유지되었고, 기존의 모습 자체가 하나의 정체성으로 받아들여졌다. 그래서 굳이 대대적인 리노베이션 작업을 거치지 않고도 도시재생이 가능했다. 양조장 시절의 역사를 고스란히 알 수 있는 사진과 기계를 재구성해놓은 소박한 뮤지엄, 소규모 양조장에서 직접 생산하는 유기농 맥주를 체험할 수 있는 공간, 그리고 6.7미터 높이의 와인 랙(Wine Rack: 와인 보관대)에서 와인을 직접 고를 수 있는 와인숍 등, 과거 이곳이 지녔던 '양조장'이라는 정체성을 그대로 살린 공간들은 지역의 역사성과 연계되어 가치 있게 다가온다. 이렇게 과거의 흔적을 문화유산의 아이콘으로 활용함으로써 공간의 정체성을 보존하는 것도 놓치지 않았다. 공간의 물리적 보전과 더불어 역사적 정체성의 확보, 그리고 상업적 성공, 도시의 발전에 기여하는 새로운 문화의 창조성과 잠재력까지, 이곳의 짜임새 있는 성공이 어디에서 나왔는지 고개가 끄덕여지는 대목이 아닐 수 없다.

과거와 현재, 시간의 중첩이 만들어내는 조율

필자가 토론토를 찾았을 때도 디스틸러리 디스트릭트는 그만의 매력으로 사람들을 끌어 모으고 있었다. 방문객들은 남아 있는 건물과 유산이 건네는 독특함과 그 안을 채우는 예술 프로그램, 쇼핑과 먹거리에 반응하며 디스틸러리 디스트릭트를 있는 그대로 즐기고 있었다. 이곳이 도시재생의 다양한 요소에서 성공을 거둘 수 있었던 것은, 과거와 현재를 잇는 시간의 중첩 속에서 과거 역사와 현재의 장소성, 지역 주민과 예술성 등을 적절히 조율해냈기 때문이다. 지킬 것은 지키고 열어둘 것은 열어두는, 이른바 보존과 개방의 조화는 디스틸러리 디스트릭트의 지난 시간과 현재가 분리된 것이 아니라 자연스럽게 연결된 하나의 시간으로 인식하게 한다.

역사지구로 지정된 이후 디스틸러리 디스트릭트를 그저 문화재로서, 또 그곳을 유지하는 사람들을 문화제 지킴이로서 규정한 채 한정된 역할만 수행하게 했다면, 이곳은 세계 어딘가에 위치한 해묵은 산업유산, 그 이상도 이하도 아닌 공간으로 남았을 것이다. 그러나 산업유산이 지닌 가치와 역사성을 지키면서 예술과 상업, 문화가 자연스레 스며들게 했을 뿐 아니라 예술인과 방문객, 인근 지역 주민들까지 공조하고 참여하는 개방적 재생을 통해 디스틸러리 디스트릭트의 장소성은 과거와 연결된 현재성을 갖추게 되었다. 또한 그와 같은 장소성에 어우러지는 다양한 아이디어와 프로그램을 연계해, 다시 이곳에서 살아가는 사람들의 삶 속에 가까이 자리하게 했다. 사람들의 삶이 떠난 '멈춘 공간'이 아닌, 시대의 변화와 함께하는 '생명력 있는 공간'이 된 셈이다. 과거의 산업유산은 현재의 문화와 예술, 사람과 조화를 이룬다. 앞으로도 이러한 조화는 이곳의 변모와 발전에 지속적인 버팀목이 될 것이다.

산업 기능만을 갖춘 양조장으로 역사가 시작되어, 예술가와 지역민이 함께하고 외부인까지 찾는 문화 공간으로 재탄생한 디스틸러리 디스트릭트의 사례는 도시재생 진정한 의

미를 다시금 확인하게 해준다. 때때로 도시재생은 장소의 기존 역사나 정체성과는 전혀 상관없는 방향으로 이루어지기도 하고, 거꾸로 본래 기능에 갇혀 새로움을 찾지 못한 채 사장되기도 한다.

하지만 디스틸러리 디스트릭트는 달랐다. 여기서 우리는 성공적인 도시재생 비법을 발견하게 된다. 지난 과거를 완전히 허물어버리는 것도, 그것을 무작정 지키는 것도 아닌, 장소의 정체성과 가치를 인정하고 다양한 분야의 사람들이 함께하는 것으로부터 출발하는 것이다. 오래된 전통과 정체성이 아무리 견고하게 고착돼 있다 하더라도, 그 속에 현재의 삶과 문화, 사람이 자연스럽게 스며들게 한다면 새로운 장소성은 얼마든지 과거의 정체성과 조화를 이루는 도시재생으로 살아날 수 있다는 것을 디스틸러리 디스트릭트는 보여준다.

제6장

뉴욕 하이라인 파크

집념이 이룬 옛 고가철도의 기적

하이라인 친구들

하이라인 운명의 기로

뉴욕에서 휴식을 즐기는 시민과 관광객으로 늘 북적이는 공원으로 맨해튼 중심부에 센트럴 파크가 있다면, 맨해튼 섬 서편에는 허드슨강을 따라 남북으로 길게 이어지는 하이라인(High Line)이 있다. 이제 뉴욕의 대표 랜드마크가 된 하이라인의 도시재생 이야기는 유독 우리에게 들려줄 것이 많다. 폐쇄되어 애물단지로 전락한 고가철도가 도심 공원으로 재탄생하여 많은 이들의 사랑을 받기까지 지금의 하이라인을 만든 사람들의 이야기가 자세히 남아 있기 때문이다. 이 하이라인의 시초는 꽤 오랜 세월을 거슬러 올라간다.

19세기 중반 뉴욕의 도로는 늘어나는 화물 운송으로 기차, 자전거, 마차가 혼란스럽게 뒤엉켜 사건사고가 비일비재했다. 이에 따라 뉴욕시는 지상 9미터 높이 공중에 고가철도를 만들어 화물 운송을 편리하게 하기로 결정한다. 건물들이 즐비한 도심 한가운데를 관통하면서도 공중에 위치하고 있기 때문에 도로 정체에 영향을 받지 않았던 고가철도는, 1929년 탄생 이래 20세기 중반까지 뉴욕시의 가장 중요한 화물 운송 수단으로 활용되었다. 하지만 고속도로망이 건설되고 자동차 보급이 늘어나면서 이내 철도 이용 수요가 급감했고, 급기야 1980년을 끝으로 고가철도는 완전히 폐쇄된다. 이후 20년이 넘게 방치된 철도는 여기저기 훼손되고 잡초가 자라면서 도시의 애물단지로 전락했고, 특히 철로 아래의 땅을 소유한 부동산 지주들은 "노선을 아예 철거해야 한다"고 주장하기에 이르렀다. 존폐 기로에 섰던 하이라인은, 1999년 이곳 지역 주민 모임에서 만난 프리랜서 기고가 조슈아 데이비드(Joshua David)와 창업 컨설턴트 로버트 해먼드(Robert Hammond)를 중심으로 결성된 '하이라인 친구들(Friends of The High Line)'에 의해 그 운명이 완전히 뒤바뀌게 된다.

하이라인 파크 조성 전

아무것도 모르던 사람들의 배짱 좋은 시작

1999년 8월, 뉴욕 첼시의 '펜 사우스(Penn South)'에서 지역 커뮤니티 공청회('하이라인'을 주제로 집중 토론을 하기 위해 열린 공청회)가 열렸다. 그 자리에서 조슈아 데이비드와 로버트 해먼드는 처음 만났다. 당시 전혀 모르는 사이였던 두 사람은 '하이라인의 철거를 반대한다'는 데 의견을 같이했다. 이 만남이 지금의 하이라인 파크를 만들게 될 줄은 꿈에도 생각지 못했을 것이다.

당시 조슈아는 잡지·언론매체 등 다양한 지면에 글을 쓰는 자유기고가이자 편집자로 일했고, 건축에는 관심만 있을 뿐 제대로 공부하거나 이해가 있는 사람은 아니었다. 로버트 역시 마찬가지였다. 그는 다양한 기업의 창업을 돕는 컨설턴트였으며, 1999년 당시에는 '워치 월드'라는 인터넷 관련 업체에 다니며 독학으로 그림을 그려 소규모 전시회를 하는 등 건축이나 조경과는 전혀 관계없는 일을 하고 있었다. 훗날 이 두 사람은 건축·조경 등의 분야를 전혀 알지 못했기 때문에 오히려 하이라인 프로젝트를 실행에 옮길 수 있었다고 말했다. 그만큼 하이라인을 공원화하는 작업은 현실적으로 어려운 일이었고, 거의 기적에 가까운 일이었다. 그 분야의 전문가였다면 아마 시도조차 할 수 없었을 것이다.

공청회에서 두 사람이 처음 만났을 당시, 대부분의 사람들은 하이라인이 동네를 망치는 주범이라고 주장했다. 뿐만 아니라 하이라인 때문에 지역경제가 발전하기는커녕 우범지대가 되었다고 토로했다. 너무 강한 반응에 로버트는 당초 발언하려던 생각을 접고 가만히 있었다. 그러던 중 자신을 여행작가라고 소개하는 조슈아가 하이라인 보존에 관심이 있다는 사실을 알았고, 둘은 명함을 교환했다. 그때까지만 해도 이들은 자신들이 주체가 되어 일을 추진하겠다는 생각보다는 그저 단순히 '하이라인 보존에 미약한 힘이라도 보태고 싶다'는 마음이었다.

당시 하이라인의 이용 방안에 대해 공식적으로 의뢰받아 연구하던 그룹은 '지역계획협회'였다. 이들은 공청회 때 하이라인을 철거하는 방안, 화물 운송에 활용하는 방안 등을 비롯해 공원 조성까지 다양하고 다각적인 의견을 제시했었다. 로버트와 조슈아는 그 계획들 중 공원화 방안에 가장 끌렸다. 모든 사람이 하이라인을 느끼고 공유해야 한다는 생각 때문이었다. 그 뒤 두 사람은 만남을 가졌으나 서로의 뜻이 같다는 사실만 확인했을 뿐 무엇을 어떻게 해야 할지는 알 수 없었다.

몇 달 뒤 조슈아는 업무 차 아이오와에 출장을 갔다가, 그곳에서 한 농민 부부를 만났다. 그들은 링컨 하이웨이와 루

스벨트 대통령 시대에 만든 콘크리트 다리를 보여주면서, 그것들을 국가 사적지로 등재하기 위해 어떤 노력을 기울여왔는지 들려주었다. 이들은 그저 시골의 농사꾼이었다. 유물 보존에 대해 교육을 받은 적도 없었고, 역사와 문화 지식이 많은 사람도 아니었다. 그럼에도 불구하고 이들은 관련 팸플릿을 만들고, 표지판을 세우고, 프로젝트 수행을 위한 기금을 조성하는 등 자발적 캠페인을 펼치고 있었다. 지역 유산에 대한 순수한 애정과 관심에서 우러나온 행동이었다. 조슈아는 용기를 얻었다. "이들이 할 수 있다면 나도 할 수 있어. 특별한 지식이 없어도 가능해!"

후원과 지지를 모으다

실행의 첫걸음

조슈아와 로버트는 지인들 가운데서 이 캠페인에 참여할 수 있는 사람들을 모았다. 때로는 우연히 의견을 주고받다가 자연스럽게 참여가 결정되기도 했고, 때로는 직접 연락해서 설득하기도 했다. 이러한 작업이 '하이라인 친구들'의 첫 시작이었다.

당시 하이라인 관리 사업은 'CSX'라는 철도회사가 담당하고 있었다. CSX는 세금과 유지·보수 비용이 들어가는 하이라인 관리 사업에서 벗어나고 싶어 했다. 로버트의 지인인 부동산 개발업자 필 애런스(Phil Aarons)는 하이라인의 공원화 작업에 대해 회의적인 시각을 가졌음에도 불구하고 프로젝트를 함께 고민해주고, CSX의 담당자인 데브라 프랭크(Debra Frank)도 함께 만나주었다. 회사 측은 하이라인을 철거하든 공원을 만들든, 최상의 방법을 채택할 거라며 모든 가능성을 열어두고 있다는 반응이었다. 철도회사와의 만남 이후, 이들은 필과 함께 저녁 식사를 하며 조직의 이름을 '하이라인 친구들'로 확정지었다.

조슈아와 로버트는 1999년, 처음으로 하인라인을 직접 밟았던 날의 감동과 충격을 잊지 못한다. 로버트는 당시 하이라인은 야생화와 야생식물에 점령당한 상태였으며, 허리까지 올라오는 식물들을 헤치고 걸어 다녀야 했다고 회상했다. 하이라인을 처음 걸었던 그날, 두 사람은 이곳이 뉴욕을 조망할 수 있는 아주 특별한 장소임을 눈으로 직접 보았고, 이 광경을 사람들에게 보여주는 것이 얼마나 중요한 일인지 깨달았다. 이후 이들은 조경 지식을 쌓으며 하이라인이라는 산업 유물을 어떻게 사람들과 공유할지에 대해 진지하게 고민하고, 실행에 옮기기 시작했다.

'하이라인 친구들'이 비영리 조직으로 출범할 당시, 대부분 조슈아와 로버트의 지인들로 위원회가 구성되었다. 창립을 최초 고안한 조슈아와 로버트를 제외하고는 다들 쟁쟁한 사람들이었는데 건축가, 행정가, 시의회 의원 등 다양한 분야의 실력자들이었다. 특히 로버트의 지인이며 맨해튼의 시의회 의원이었던 기포드 밀러(Gifford Miller)는 정원사인 어머니 린든 밀러와 함께 하이라인의 시작부터 끝까지 많은 도움을 주었다.

'하이라인 친구들'은 하이라인이 지나가는 지역 커뮤니티 위원회에서 자신들의 계획을 발표했다. 하지만 주민들은 사업비나 구조물의 안전성 등 다양한 문제를 지적하며 상당한 우려를 표시했다. 주민들의 지적이 틀린 것만은 아니었기에 프로젝트를 위해 갤러리 관계자들을 동참시켜 시너지 효과를 얻고자 했다. 다행히 많은 갤러리의 유력 인사들이 '하이라인 친구들'의 계획을 지지한다는 답변을 했고, 이들은 그렇게 첫 후원자 명단을 작성했다.

다음으로 '하이라인 친구들'은 하이라인 프로젝트를 맡아서 진행해줄 조직을 섭외하는 일에 착수했다. 하지만 선뜻 맡아서 프로젝트를 진행하겠다고 나서는 조직을 찾기가 어려워 난항을 거듭했다. 그러던 중 '하이라인 친구들'은 디자이너 폴라 셔(Paula Scher)로부터 하이라인의 로고와 그 로고가 들어간 명함, 편지지 등의 디자인을 받았다. 로버트가 근무하던 '워치 월드'가 도움을 준 것이다. 이 로고 디자인은 하이라인 프로젝트 초기에 후원자들을 결집하고, 정체성을 상징하는 중요한 역할을 했다.

Y2K(밀레니엄 버그)의 공포가 사람들을 두려움에 떨게 했던 2000년 초, '하이라인 친구들'은 프로젝트를 견인할 중요한 시점을 맞았다. 사진작가 조엘 스턴펠드(Joel Sternfeld)가 하이라인의 현장을 보고, 그곳의 사진을 맡아서 작업하겠다고 한 것이다. 조엘은 2000년 4월부터 7월까지 아무 때나 혼자 하이라인에 올라가 촬영할 수 있는 허가를 받았다. 그의 사진들은 훗날 프로젝트의 후원과 기금을 마련하는 데는 물론이고 사람들의 지지를 얻어내는 데 훌륭한 역할을 하게 된다.

한 걸음씩 걸어온 하이라인 프로젝트는 유력 인사의 참여와 새로운 발상이 주목을 받으면서 점차 활기를 띠기 시작했다. 지역 커뮤니티는 이 내용을 안건으로 채택해 공청회를 열었다. 부정적인 시선은 여전했으며, 하이라인의 철거를 원하는 시민들의 목소리가 계속되었다. 우범지대며 미관상 좋지 않은 하이라인의 단점들이 속속 드러났다. '하이라인 친구들'의 대표로 공청회에 참석했던 로버트와 마리오는 진땀을 흘릴 수밖에 없었다.

하지만 이 모진 경험은 하이라인 프로젝트를 채찍질하는 기폭제가 되었다. 로버트는 여기저기에 전화를 걸어 프로젝트의 취지를 설명하고, 지지자와 후원자를 모으기 시작했다. 그러던 와중에 그들은 '참고 자료'를 원하는 사람들에게 보내줄 브로슈어를 기획하게 되었다. 브로슈어를 인쇄할 자금을 마련하는 일이 급선무였다. 필 애런스는 로버트와 조슈아에게 "브로슈어를 인쇄할 돈도 조달하지 못한다면 프로젝트를 추진할 꿈은 아예 접어야 한다"라고 말했다. 이들에게 닥친 첫 번째 시험이었다. 두 사람은 '하이라인 친구들'을 지지하며 경제적 지원을 하고 싶다는 의견을 밝혔던 그리니치빌리지 주민 엘리자베스 길모어에게 연락해 도움을 요청했다. 그녀는 브로슈어 제작 비용의 절반을 기부해주었다. 2,500달러, 하이라인 프로젝트의 첫 번째 기부금이었다.

'하이라인 친구들'의 브로슈어는 당시 '하이라인'에 대한 출판 인쇄물이 전혀 없었던 까닭에 가치 있는 자료였다. 하이라인의 역사와 조엘 스턴펠드의 현장 사진들은 '하이라인 프로젝트'를 설명하는 좋은 자료였고, 이 프로젝트의 지지를 얻는 데 큰 역할을 하게 되었다.

'우리 편'이 만들어지다

하이라인 프로젝트는 앞에서 보아온 바와 같이 국책 사업으로 출발한 것이 아니다. 때문에 가장 중요한 것은 사람들을 설득하고, 그들로부터 지지와 후원금을 받아 기금을 조성하는 일이었다. 충분한 기금이 마련되지 않으면 아무리 좋은 취지의 사업이라도, 아무리 많은 사람이 원한다 해도 이루어지기 힘들다. 하이라인 프로젝트가 실행되는 과정을 보면 지역 주민들과 유력 인사들의 자발적인 참여가 얼마나 큰 변화를 이끌어낼 수 있는지, 기적과도 같은 일을 만들어낼 수 있는지 알 수 있다.

당시 하이라인은 부동산 개발 가치가 뛰어나 세간의 주목을 받는 곳이었고, 많은 이해관계가 얽혀 있는 곳이었다. 하이라인 아래쪽에 땅을 가진 사람들은 본인들의 권리가 축소될까 봐 두려워했고, 지역 주민들은 하이라인의 개발로 주변에 고층 건물이 즐비해지고 우범 지역이 넓어질까 우려했다. 이런 논란을 종식시키고 프로젝트를 설득하는 과정은 매우 지난했지만, 결국 그들은 해냈다.

프로젝트를 진행하면서 '하이라인 친구들'은 수많은 조력자들을 만났다. 뉴욕 도시계획 위원회의 어맨다 버든(Amanda Burden), 개발업체의 로비스트인 짐 캐펄리노(Jim Capalino) 등이 그러한 사람이다. 어맨다는 2001년 프로젝트에 합류하여 하이라인이 완성되는 그날까지 함께한 핵심 멤버가 되었고, 짐은 조직이 처리하지 못하는 어려운 문제들을 깔끔하게 해결해주는 '조직의 해결사' 역할을 자처했다. 이렇게 '하이라인 친구들'은 아무것도 몰랐던 시민 두 명에서 출발하여 창의적이고 헌신적인 건축가, 유적 보존 운동가, 도시계획가, 공원 조성을 지지하는 변호사, 로비스트 등 다양한 능력자들이 모인 팀으로 성장해갔다.

2001년 어맨다 버든이 합류한 이후 '하이라인 친구들'은 '디자인 트러스트'를 통해 계획·연구에 참여할 수 있는 건축가 케이시 존스(Casey Jones)와 켈러 이스터링(Keller Easterling)을 선정했다. 케이시는 전통적인 계획·연구를 맡고, 켈러는 인터넷을 기반으로 연구를 진행할 예정이었다. 케이시는 역사 연구부터 시작했는데, 하이라인의 오래되고 큰 사진들을 찾아내고 물리적으로 구조물을 측량하여 캐드(CAD, Computer Aided Design: 컴퓨터 지원 설계) 데이터로 만들었다. 또한 하이라인의 재활용에 대해 전문가와 일반 시민의 의견을 수집했고, 토지 용도의 지도를 색을 달리해 만들어 제조 구역과 주거 구역을 한눈에 알아볼 수 있게 표시하는 등 다양한 데이터와 연구 결과물을 축적했다. 이것들은 객관적으로 '하이라인'을 설명할 수 있는 귀중한 자료로 활용되었다.

꿈으로 건설된 도시에서 꿈을 만들어가다

뉴욕이 한창 2012년 올림픽 유치를 놓고 런던을 비롯한

다른 대도시들과 경쟁하고 있을 때, 당시 뉴욕 시장이던 루돌프 줄리아니(Rudolph Giuliani)는 하이라인과 물리적으로 연결되어 있는 웨스트사이드 조차장 자리에 양키 스타디움을 새로 건설하고자 했다. 이 계획은 올림픽 유치 경쟁과 맞물려 꽤 힘을 받는 상황이었다. 만일 그 계획대로 스타디움이 지어진다면 하이라인은 철거되고, 지금까지 추진해온 하이라인 프로젝트는 물 건너갈 게 뻔했다. 로버트는 미드타운에서 열린 토론회에서 하이라인 재이용 방안을 공공 토론 안건에 상정하고자 노력했지만, 결국 실패했다. 이에 그들은 다른 방식으로 하이라인을 어필할 방법을 찾아냈고, 그 과정에서 지역 주민들과 지주들의 관심을 이끌어내게 되었다.

토론회 이후 '하이라인 친구들'은 더 적극적인 모임을 주최할 필요성을 느꼈고, 이를 추진하던 차에 더그 올리버(Doug Oliver)라는 건물주를 만나게 된다. 그는 25번가와 26번가 사이 하이라인 옆의 창고 건물을 소유하고 있었는데, 하이라인이 철거되면 그 건물에 손상이 가기 때문에 철거를 반대하는 입장이었다. 그는 하이라인 주변의 대지주들 중에서 처음으로 하이라인 프로젝트를 지지해준 사람이었다. 하이라인 인근에 거주하는 마이크 노보그라츠(Michael Novogratz)와 수키 노보그라츠(Sukey Novogratz) 부부 또한 후원자 명단에 서명했는데, 이후 그들은 하이라인에서 가장 인기 있는 장소인 10번가 스퀘어의 공사 비용을 기부하는 등 프로젝트의 든든한 후원자가 되어주었다.

부단한 노력의 결과로 시의회 공청회 일정이 잡혔다. '하이라인 친구들'은 처음으로 시민, 커뮤니티, 비즈니스 단체 등에 공청회를 적극 홍보하는 한편 실질적으로 도움을 줄 만한 사람들을 찾았다. 그 과정에서 기관과 커뮤니티, 비즈니스계의 핵심 후원 단체를 확보했고, 이들은 끝까지 하이라인 프로젝트와 함께하게 된다. 시립예술협회, 전미건축가협회, 건축가연맹, 예술동맹, 전미기획협회 등이 그들이다. 또한 레일-트레일 관리국의 제프 시어보티가 증언하기 위해 워싱턴에서 뉴욕으로 왔으며, 갤러리 사람들까지 참석했다.

공청회 날 아침, 「데일리 뉴스(Daily News)」는 '하이라인 친구들'의 노력을 지지하는 내용의 사설을 실었다. '하이라인 친구들'은 이 기사를 복사해 공청회에 참석한 사람들에게 배포했다. 공청회에서는 반대의 목소리와 질타가 쏟아졌다. 하이라인이 실제로 공원으로 조성된다면 그 가치는 상당할 것이나, 이는 너무 허무맹랑한 계획으로 몽상에 가깝다는 말에 어맨다 버튼과 린든 밀러는 반론을 펼쳤다. "꿈을 꾸는 것이 언제부터 나쁜 일이 되었나요? 뉴욕은 꿈으로 건설된 도시고, 우리는 모두 꿈을 좇아야 합니다."

이렇게 차츰 하이라인 프로젝트가 이슈로 떠오르자, 「뉴요커(The New Yorker)」는 사진작가 조엘이 찍은 사진과 함께 '하이라인 프로젝트'를 자세히 소개하는 기사를 실었다. 이 기사를 접한 사람들은 하이라인 프로젝트가 무엇인지 알게 되었고, '하이라인 친구들'을 주목하게 되었다. 사람들은 오히려 당시 연락처를 제대로 공개한 적이 없는 '하이라인 친구들'을 수소문하여 찾기 시작했다. 그러던 어느 날, 영화배우 에드워드 노턴(Edward Norton)에게서 연락이 왔다. 노턴은 도시계획과 레일뱅킹(rail banking: 또는 레일-트레일rail-trail, 선로를 철거하여 보행로나 자전거 도로로 개조한 길) 관련 일을 했던 할아버지와 아버지로부터 영향을 받아서인지 하이라인에 관심이 많았다. 그 관심이 하이라인 프로젝트의 후원으로 연결된 것이다. 이렇게 후원자들의 관심을 받으며 조슈아는 커뮤니티 위원회의 위원으로 임명되어 인맥을 넓히고, 목소리를 낼 수 있는 자격을 얻었다.

이즈음에 '하이라인의 미래'라는 공개 토론회를 국제무역센터에서 개최했고, 행정소송 등에 관련한 비용을 마련하기 위해 기금 모금 행사를 개최했다. 컨설턴트를 고용하여 행사 운영에 필요한 물품들을 기증받았는데, 사진작가 조엘을 비롯하여 톰 색스(Tom Sachs), 크리스토와 장 클로드(Christo and Jean Claude) 등 많은 예술가들이 하이라인과 관련된 작품들을 기증해주었다. 유명한 갤러리스트인 메리 분(Mary Boone)

의 협조로 그녀의 갤러리에서 행사를 열기로 하고, 알렉스 폰 퓌르스텐베르크(Alexander von Fürstenberg)에게 어맨다와 함께 이 행사를 주관하는 위원장직을 맡아달라고 부탁했다. 알렉스는 세계적인 디자이너 다이앤 폰 퓌르스텐베르크(Diane von Fürstenberg)의 아들이자 모나코의 왕자였다. 행사는 성공적이었다. 유명 일간지 「뉴욕 타임스(The New York Times)」도 이 행사를 취재해 갔고, 그다음 주 일요일 판에 기사가 실렸다. 경매를 끝내고, '더 파크'라는 레스토랑의 옥상에서 디너 행사를 가졌다. 하이라인이 내려다보이는 그곳에서 조슈아는 다이앤 폰 퓌르스텐베르크와 인사를 나누며 '하이라인 친구들'의 조직이 힘을 받고 있다는 사실을 실감할 수 있었다.

뉴욕의 이슈가 된 하이라인

줄리아니 행정부의 임기가 끝나가면서 협상 타결을 우선적으로 원했던 부동산 지주들은 일을 서둘렀고, 더불어 '하이라인 친구들'도 바빠졌다. 양쪽은 하이라인의 '철거'와 '보존'이라는 상충되는 문제를 두고 치열하게 다투는 중이었다. '하이라인 친구들'은 하이라인의 철거를 막기 위해 '동일 토지 이용 검토 절차'를 거쳐야 한다는 내용(뉴욕시가 하이라인의 철거를 단행하기 위해서는 커뮤니티 위원회, 자치구 구청장, 시계획국 등을 거쳐 시의회까지 9개월간의 심의 절차를 거친 다음 토지 이용 결정을 내려야 한다는 내용)의 소송을 시 당국을 대상으로 준비했다. 더불어 지역 커뮤니티의 주민들을 고소인으로 확보했다. 이는 '하이라인 친구들'만의 소송이 아닌 지역 주민들이 참여한 커뮤니티 전체의 소송으로 범위를 확대하여 공공성을 확보한 기점이 되었다.

줄리아니 행정부의 임기가 얼마 남지 않은 상황에서 차기 시장 후보들의 지지를 받는 일은 매우 중요했다. 센트럴 파크 서쪽 지역인 어퍼웨스트사이드에서 기반을 잡고 있는 '랜드마크 웨스트'라는 보존 단체는 모든 시장 후보들과의 조찬 모임을 차례로 주최했다. '하이라인 친구들'은 각 후보의 모임에 가서 하이라인에 관해 질문하고 해당 후보에게서 지지 발언을 받아내어, 이를 공약으로 내걸 수 있게 하고자 했다. 모임에서 프레디 페러(Fernando Ferrer)와 마이클 블룸버그 (Michael Bloomberg) 2명 후보의 지지 발언을 들은 이들은, 모임이 끝난 후 각 후보의 선거 진영으로 돌아가 CSX 대표에게 발송할 편지에 서명해달라고 부탁했다. 편지에는 "나는 뉴욕 시장으로 출마할 예정이고, 하이라인을 지지하니 철거와 관련해 어떤 조치도 취하지 마십시오"라고 쓰여 있었다. 2명 후보 모두 편지에 서명했고, 특히 블룸버그 진영의 조너선 케이프하트(Jonathan Capehart)를 통해 블룸버그 후보의 비전에 하이라인을 포함시키도록 설득할 수 있었다. 사실 '하이라인 친구들'은 블룸버그가 시장이 될 거라고 생각하지는 않았다. 차기 시장은 마크 그린(Mark Green)이 될 거라는 전망이 우세했고, 그가 당선된다면 어맨다 버든이 도시계획위원장이 될 가능성이 높아서 매우 들떠 있었다. 차기 시장의 지지를 받을 확률이 높다고 생각했기 때문이다.

그 와중에 줄리아니 시장은 하이라인 철거를 위해 노력하고 있었고, 조엘은 자신이 찍은 하이라인 사진 전시회를 개최함과 동시에 사진집 『하이라인을 걸으며(Walking the High Line)』를 출판했다. 하이라인 사진과 함께 과거 「뉴요커」에 실렸던 기사를 수록한 책이었다. 사진전 개막식에 참석한 하이라인 후원자들을 대상으로 책 사인회도 열렸다. 이렇게 '하이라인 친구들'이 분주하게 움직이던 때, 9·11 테러가 발생했다. 뉴욕의 시계는 멈춰 섰고, 사람들은 엄청난 충격과 슬픔에 휩싸였다.

테러 사건 이후 사람들은 한동안 '뉴욕에 계속 남아 있을 것인가' 하는 문제를 심각하게 고민했다. 상상도 할 수 없는 일이 벌어진 그때, 아무도 뉴욕이 정상이라고 말할 수 있는 상태로 다시 돌아갈 수 있을지 장담하지 못했다. 9·11 테러 이후 '하이라인 친구들'의 활동도 멈췄다. 이메일과 뉴스레

터는 2001년 10월 18일이 되어서야 발송을 재개할 수 있었다. 하이라인 프로젝트가 왜 여전히 타당성이 있는지에 관한 입장을 정리하는 데 그만큼의 시간이 필요했던 것이다. 이들은 뉴욕의 미래를 말하면서 하이라인이야말로 미래지향적인 사업이며, 지금은 철거할 시기가 아니라는 점을 사람들에게 알렸다. 하이라인의 철거는 매우 파괴적인 일이었다. 이미 파괴적인 재앙을 겪은 사람들이 이런 일을 다시 겪을 마음의 준비가 되어 있지 않았기에, 하이라인을 통해 뉴욕이 한발 앞으로 나아갈 수 있다는 점을 설득했다. 게다가 사람들은 뉴욕을 위해 뭔가를 하고 싶어 했지만 무엇을 어떻게 해야 할지 갈피를 잡지 못하는 실정이었다. 이런 상황에서 하이라인 프로젝트는 사람들이 함께할 수 있는 정서를 지닌 일이었다.

9·11 테러 이후 사람들은 건축가나 도시계획가만이 관여하던 일에 뛰어들기 시작했다. 「포스트(Post)」에는 정기적으로 설계 공모전과 건축 렌더링에 관한 기사가 실렸고, 이런 이슈들은 일반인의 일상생활에도 스며들었다. 하이라인은 이러한 상황에서 논의되기에 적격이었다. 그리고 뉴욕 시장 선거에서 마이클 블룸버그가 당선되었다. 그러나 줄리아니 시장은 선거일 바로 며칠 전에 하이라인의 철거 서류에 서명을 해버렸다. 앞서 언급한 소송에 실패한 결과였다. 새로 당선

된 블룸버그 시장이 하이라인 프로젝트에 협조적이라고 해도, 뉴욕시가 이미 철거 서류에 서명한 상태에서 새 행정부가 그것을 뒤집을 수 있을지는 미지수였다. 다시 말해 언제 어느 때 불도저가 하이라인을 밀고 들어온다고 해도 전혀 이상하지 않을 상황이었다. 로버트는 만일 그런 일이 실제로 벌어진다면 후원자들을 모아 하이라인 앞에 앉혀야겠다고 생각했다. 하이라인을 지키고자 하는 그들의 마음이 얼마나 절실했는지 알 수 있다.

2002년 1월, '하이라인 친구들'의 멤버이기도 한 기포드 밀러가 뉴욕시 행정부에서 두 번째로 권한이 큰 시의회 의장으로 당선되었다. 당시 32세의 기포드는 역대 최연소 의장이었다. 어맨다 버든 역시 도시계획위원회 위원장이라는 직책을 블룸버그 행정부에서 맡았다. 하이라인 프로젝트에 전폭적인 지지를 보내던 두 사람이 갑자기 영향력 있는 자리에 앉은 것이다.

새 행정부가 하이라인에 우호적이긴 했지만, 이미 전임 시장이 철거 서류에 서명한 상태였기 때문에 블룸버그가 그 계약을 파기할 수 있을지는 의문이었다. '하이라인 친구들'은 소송을 계속 진행했다. 당시 조슈아는 하이라인 계획·연구의 결과물인 디자인 트러스트의 책을 마무리 짓는 중이었다. 출간 의도는 정부 공무원을 설득해 하이라인을 재이용하는 일의 가치를 설명하는 것이었고, 건축가나 도시계획가가 기본 설계를 시작하는 데 필요한 정보를 수록할 예정이었다. 하이라인에 대한 공공 정보 책자의 역할을 해줄 것이라 기대했다. 또한 조너선 케이프하트와 손잡고 블룸버그의 '공원 백서'에 나오는 하이라인 부분을 책의 서론으로 가져왔고, 블룸버그 시장의 서명을 받아냈다. 그렇게 해서 뉴욕 시장이 쓴 서론으로 시작해서 센트럴 파크 관리국을 공동 창단한 엘리자베스 발로 로저스(Elizabeth Barlow Rogers)의 에세이로 끝맺는 책이 완성되었다. 그런 다음 이 책을 시립예술협회에서 전시회 형태로 사람들에게 소개했다. 책 내용을 전시회 게시판에 옮겨서 전시했고, 디자인 트러스트의 책 뒤에는 후원자의 명단을 실었다.

모든 일이 순조롭게 진행되던 중, 첼시 부동산 지주 단체인 '에디슨 프라퍼티스'에서 하이라인 후원자들에게 '하이라인의 현실'이라는 전단지를 발송했다. "돈은 나무에서 자라지 않습니다. 아무리 눈 씻고 봐도, 하이라인의 잡초에서도 돈은 자라나지 않았습니다." 지속적으로 진행되는 이런 캠페인은 '하이라인 친구들'을 긴장시켰다.

디자인 트러스트 전시회가 시립예술협회에서 열리고 있을 때, 뉴욕주 보존연맹은 하이라인을 그해의 '보존할 7대 대상'에 선정했다. 뉴욕주 전역에서 활동하는 단체가 하이라인을 우선 보존할 대상으로 인정한 것은 처음이었다.

시의회 의장이 된 기포드는 시장과의 첫 회의에서 '하이라인 사업이 자신의 최우선 순위 과제'라고 밝혔고, 어맨다는 댄 닥터로프(Dan Doctoroff) 부시장에게 하이라인을 언급하며 프로젝트를 적극 밀어붙였다. 하지만 댄 부시장은 하이라인을 직접 본 뒤에도 회의적인 반응이었으며, 공식 회의에서도 조엘의 사진보다는 현재 뉴욕 내에 유지 비용을 감당할 수 없는 공원이 너무 많다는 점을 지적했다. 그는 특히 재정 측면에서 하이라인 프로젝트가 갖는 의미가 무엇인지에 대한 답을 듣고자 했다. 그에 따라 하이라인의 경제적 타당성을 증명할 수 있는 연구가 시급했다. 존 애슐러(John Alschuler)는 이전에 댄 부시장의 요청으로 올림픽에 대한 경제적 타당성 연구를 진행한 적이 있어서 이 일에 적임자였다. 그와의 첫 만남에서 연구의 방향성이 정해졌다. 하이라인은 인근 부동산의 가치를 높이고, 그로 인해 재산세가 늘어나기 때문에 하이라인에 새 공원을 조성하면 뉴욕시에 경제적 이득을 가져다준다는 것을 증명하는 데 초점을 맞추기로 한 것이다.

연구 결과, 하이라인을 공원으로 조성하려면 6,500만 달러의 공사 비용이 들지만, 향후 20년간 하이라인으로 뉴욕시가 가져갈 세수 증가분은 1억 4,000만 달러에 이를 것으로 예측되었다. 이 같은 결과로 하이라인 프로젝트에 접근하는 방식 자체에 변화가 일어났다. 이는 하나의 공원, 그 이상의 가치였다. 이제 '하이라인 친구들'은 하이라인 지구, 즉 하이라인 주변부의 가치가 올라간다는 연구 결과를 알리는 데 적극적으로 나서기로 했다. 그즈음 조 해밀턴(Jo Hamilton)과 플로랑 모를레(Florent Morellet)는 맨해튼의 미트패킹 지역(Meatpacking District)을 역사지구로 지정받기 위해 노력하고 있었다. 다이앤 폰 퓌르스텐베르크는 '갱스부르트 마켓(Gansevoort Market) 보존 운동'이라고 불리는 이 노력을 지지했고, 이런 움직임은 하이라인 프로젝트와 맥락을 같이하고 있었다. 미트패킹 지역은 랜드마크도 아니고 겉으로 보기에 아름답지 않은 곳이지만, 인근 지역 주민들이 애착을 갖고 있는 장소라는 점에서 의미 있고 아름다운 곳이었다.

한발 더 앞으로

2002년 3월, 뉴욕시와의 소송에서 판사는 '하이라인 친구들'의 주장을 받아들여, 뉴욕시가 토지 이용 검토 절차를 거치지 않고 하이라인 철거 서류에 서명한 것은 불법이라는 판결을 내렸다. 그해 봄, 지역 커뮤니티 모임이 두 차례 열렸다. '하이라인 친구들'은 타당성 연구 결과를 바탕으로 커뮤니티를 설득하여, 이 모임에서는 처음으로 '추후 지구 개편 사업에 하이라인이 포함된다'는 사실을 분명하게 논의했다. 사람들은 하이라인 프로젝트에 협조적이었지만, 하이라인 주변부의 추후 개발 문제는 일부 사람들에게는 신경 쓰이는 일이었을 것이다.

프로젝트를 지속하기 위해서는 돈이 필요했다. 변호사와 컨설턴트를 계속 고용하기 위해서도 자금을 조달할 필요가 있었다. 그런데 정작 로버트와 조슈아는 그때까지도 무보수였다. 위원회 멤버들은 하이라인 프로젝트를 지속적으로 실행하기 위해 로버트와 조슈아에게 임금을 지급해야 한다고 의견을 모았고, 보수를 제대로 받기 시작하면서 진짜 조직으로 거듭날 수 있었다.

'하이라인 친구들'은 기금 모금 행사를 열었다. 소송을 맡은 변호사들 중 한 명이 기업인 마사 스튜어트(Martha Stewart)의 사위여서, 마사의 사무실을 빌려 행사를 진행할 수 있었다. 그곳은 철도 창고로, 하이라인과 비슷한 시기에 지어졌기 때문에 역사적 연관성도 있었다. 행사 위원장직은 영화배우 에드워드 노턴이 맡았다. 마사 스튜어트의 사무실에서 진행한 디너 행사는 공교롭게도 마사의 법적 분쟁이 일어난 시기와 겹쳐 연일 신문에 도배가 되었다. 결국 마사는 행사에 불참했지만 손수 작성한 멘트를 보내줌으로써 하인라인 프로젝트를 지지한다는 의사를 밝혔다.

그해 9월 말, 댄 부시장에게 경제적 타당성 연구 결과 보고서를 제출했다. 하이라인에 공원을 조성해야 할 타당성과 공사 예상 비용, 그리고 하이라인이 뉴욕시에 창출할 가치를 보여 주었다. 설계 비용은 초기 설계에 해당하는 부분만 계산했다. 이를 설명하기 위해 이들은 몇 주간 파워포인트 작업에 매달릴 수밖에 없었다. 댄 부시장은 스타디움을 포함해 자신이 구상하는 대규모 개발 비전을 '하이라인 친구들'이 전폭적으로 지지해주기를 바랐다. 스타디움 계획은 지역 주민들의 반대에 부딪친 사안이라 꽤 부담스러운 일이었다. 지역 커뮤니티와 댄 부시장 양쪽 모두를 만족시켜야 하는, 쉽지 않은 일이었다. 하지만 댄 부시장은 그 자리에서 하이라인 프로젝트의 비전이 생각했던 것보다 원대하다는 점을 깨닫고, 이 비전과 자기가 구상한 큰 비전을 연결할 수 있으리라 여겼다. '하이라인 친구들'에게 드디어 기회가 왔다.

'하이라인 친구들'은 그해 가을 내내 댄 부시장 쪽으로부터 긍정적인 반응을 얻어내기 위해 노력하고 있었다. 연말 무렵, 드디어 연락이 왔다. 뉴욕시가 워싱턴의 지상운송위원회에 하이라인 레일뱅킹 사업을 위한 '잠정적 트레일 용도 허가서'를 요청할 거라는 내용이었다. 만일 그 요청이 승인

된다면, 하이라인 철거에서 보존으로 뉴욕시의 정책이 변경되는 셈이었다. 이제 뉴욕시가 적극적으로 나서서 하이라인 프로젝트에 참여하겠다는 표시였다. 이 변화를 알리는 언론 보도가 있었고, 이틀 뒤 「뉴욕 타임스」에 '웨스트사이드에서 레일 계획 활발히 진척 중'이라는 기사가 실렸다. 하이라인 프로젝트에 적대적인 태도를 보였던 모든 세력들 중 뉴욕시가 가장 막강해 보였는데, 이제 우호적으로 돌아선 것이다.

강경했던 뉴욕시의 태도가 바뀌면서 하이라인 보존 사업은 기정사실로 받아들여지는 분위기였지만, 현실은 아직 갈 길이 멀었다. 뉴욕주와 철도회사, 지상운송위원회가 아직 동의 입장을 보내오지 않았고, 첼시 부동산 지주들은 여전히 극렬하게 반대 입장을 고수하고 있었다. 그 뒤 댄 부시장은 하이라인 사업부를 만들고 전폭적인 지원을 해주었다. 그는 법이나 계획 수립은 물론이고 모금 활동 등 다양한 방식으로 하이라인 프로젝트에 도움을 주었다.

당시 다이앤 폰 퓌르스텐베르크는 웨스트 12번가의 스튜디오에서 '갱스부르트 마켓 보존 운동' 행사를 주최했다. '하이라인 친구들'은 다이앤이 하이라인에서도 비슷한 역할을 해주기를 기대했고, 결국 2003년 1월에 행사 날짜를 잡았다. 다이앤의 스튜디오에서 승리의 축하연이 열렸다. 뉴욕시를 동업자로 만든 것을 자축하는 자리였다. '하이라인 친구들'

은 프로젝트가 한발 더 앞으로 나아갔다는 생각에 뿌듯함을 느꼈다.

2003년 4월, 지역 커뮤니티가 하이라인 보존에 찬성하는 결의안에 투표했고, 압도적인 찬성과 지지를 받아냈다. 이 안건을 투표에 붙이기까지 4년 정도가 걸렸지만, 처음 시작했을 때 투표를 했다면 아마 위원들은 계획에 반대했을지도 모른다.

그해 봄, '하이라인 친구들'은 아이디어 공모전을 기획했다. 이 공모를 통해 하이라인의 설계를 결정할 생각은 아니었다. 그저 다양한 아이디어를 공유하고, 사람들의 관심을 이끌어내고자 했다. 공모전에 출품된 작품들은 그랜드센트럴 역의 밴더빌트 홀에서 2주 동안 전시되고, 전시 개막일 밤에는 여름 모금 행사도 개최될 예정이었다. '하이라인 친구들'은 1,000여 명 정도가 참석하는 칵테일파티와 그 뒤 이어지는 300명 정도가 참석하는 디너파티를 준비했다. 공모전에 참가한 사람들을 칵테일파티에 무료로 초대하는 것이어서 행사 규모가 매우 컸다. 이 행사는 '하이라인 친구들'이 크게 도약할 수 있는 계기가 되었다. 개막식 날 밤, 기포드 밀러는 모금 칵테일파티에 참석한 1,000여 명의 사람들 앞에서 "시의회가 마침내 하이라인 공원 조성에 1,575만 달러를 책정했다"라고 발표했다. 시의회의 예산 책정으로 이 사업의 필연성을 지지하는 분위기가 조성되었고, 아직 해결하지 못한 문제들이 있음에도 불구하고 공사 자금을 확보했다는 것은 대내외적으로 큰 영향을 미쳤다.

그리고 2003년 가을, 랜드마크 보존위원회는 미트패킹 지구를 역사지구로 지정한다고 발표했다. 캠페인이 갱스부르트 마켓을 살린 것이다. 이는 분위기가 하이라인 사업 같은 색다른 프로젝트로 넘어왔음을 알려주는 일이었다.

모두가 원하는 하이라인을 위하여

도시의 정체성을 잃지 않도록

현재 뉴욕 첼시에는 각종 갤러리가 자리 잡고 있으며, 예술 활동도 다채롭게 펼쳐지고 있다. 이는 소호의 갤러리들이나 예술인들이 비싼 임대료를 감당하지 못해 첼시로 옮겨 갔기 때문이다. 그런데 그것이 끝이 아니었다. 지구 개편 사업으로 주거지 개발 기회가 지나치게 늘어나면 또다시 다른 곳으로 쫓겨 갈 수밖에 없었다. 부동산 지주들이 주택 개발로 경제적 압박을 받으면 임대료를 올릴 테고, 그러면 갤러리들은 웨스트 첼시에서도 퇴출될 가능성이 다분했다. 그렇지 않아도 고급 소매점 때문에 갤러리들이 소호에서 밀려났는데, 주택 조성 사업 때문에 이곳에서마저 밀려나게 되는 걸 아무도 원하지 않았다.

이 문제를 해결하기 위해 어맨다를 비롯한 블룸버그 행정부의 담당자들은 블록 가운데 지역의 제조업 지정 조항을 종전대로 유지하길 원했다. 그렇게 되면 갤러리 대부분이 밀집해 있는 지역에서는 주택 개발을 할 수 없었다. 또한 하이라인 옆에 새로운 건축물이 들어서는 걸 규제하는 조항이 논의되었다. 이 조항이 통과되면 하이라인에서 햇볕을 받고 전망을 확보하는 데 지장이 없으며, 신축 건물 안에 하이라인으로 통하는 계단과 엘리베이터를 놓을 수 있었다. 규제 조항에 따라 하이라인에 건물을 세우지 못하면 탁 트인 전망을 확보하여 사람들의 시야를 가리지 않을 수 있었다. 열차가 다니던 시절에는 열차가 통과할 공간이 충분하다면 하이라인에 건물을 올릴 수 있었지만, 이제는 이런 건물 신축이 금지되는 것이었다. 다만 이 규제 조항은 미트패킹 구역, 16번가 남쪽 지역에는 적용되지 않았다. 이 지역은 커뮤니티에서 지구 개편 사업에 반대했던 곳으로, 오랫동안 제조업 지정 구역으로 설정돼 있는 데다 제재를 덜 받아서 결국 스탠더드 호텔을 하이라인 위로 올릴 수 있었다. 조차장 부근의 하이라인 종착지에는 뉴욕시가 올림픽 관련 스타디움 계획을 추진하고 있어서, 이 지역 역시 웨스트 첼시 역사지구 범위 안에는 포함되지 않았다.

하이라인의 철거를 주장하던 뉴욕시가 보존하는 쪽으로 정책을 추진하자, 철거를 주장하던 대부분의 부동산 개발업자들은 다른 곳으로 시선을 돌렸다. 얼마 전까지만 해도 재산권 침해를 걱정하더니 이제는 수익성 있는 대규모 건물을 개발하기 위해 하이라인 사업을 옹호하기 시작했다. 되도록 많은 재량권을 확보하려고 혈안이 된 듯했다. 이제 '하이라인 친구들'은 신축 건물 높이를 제한하려는 단체, 서민주택 건설 추진 단체 등과 접촉하여 최대한 하이라인의 경관과 공공성을 지키는 데 힘써야 했다.

아이디어 공모전을 끝내고, '하이라인 친구들'은 커뮤니티 의견 제안 회의를 주최했다. 커뮤니티의 의견을 듣고, 이들이 원하는 바를 설계에 반영한다는 방침을 보여주어 커뮤니티를 안심시키기 위해서였다. 아이디어 공모전에 출품된 일부 작품은 빔 프로젝터를 통해 보여주고, 일부 작품은 전시를 통해 공개했다. 토론을 진행하면서 하이라인의 전체 상황을 커뮤니티에 공개했고, 그다음에는 그룹별로 서로 얘기를 나누는 시간을 가졌다. 각 그룹마다 한 명씩 선정해 모든 참석자들 앞에서 발표하게 했는데, 그 내용은 비디오로 녹화된 뒤 다시 배포되었다. 모든 사람들을 참여시키기 위함이었다.

뉴욕의 건축·디자인·문화유산에 대한 인식과 안목을 높이려는 목적으로 설립되어 운영 중인 '오픈하우스 뉴욕'은 평소에는 들어갈 수 없는 장소를 일 년 중 한 번, 특별한 날을 정해 개방하는 일을 추진하는 단체다. 이곳에서 하이라인을 리스트에 포함시킬 수 있는지 문의해 왔다. '하이라인 친구들'은 원하는 일이었으나 철도회사에서 허락해줄 것 같지 않았고, 문제가 생길 경우 책임 소재도 불분명했다. 결국 하이라인이 잘 보이는 넓은 장소를 물색해 개방하는 것으로 의견을 모았다. 하이라인 옆에 위치한 오래된 창고 건물의 옥상이면 하이라인을 조망하는 데 아무 문제가 없었다. 그곳 소유주에게 문의하여 옥상 이용을 허락받았다. 개방하는 날 아침, 하이라인을 보러 몰려든 사람들로 인산인해를 이루었다. 옥상에 올라가지 못한 사람들은 아래층 창문에 매달려 하이라인을 구경했다. 얼마나 많은 사람들이 하이라인 프로젝트에 동참하고 싶어 하는지 알 것 같았다. 미처 생각지 못했던 사실이었다.

이제 '하이라인 친구들'은 뉴욕의 많은 시민들이 그토록 원하는 '하이라인'을 어떻게 할 것인지, 구체적인 고민을 해야 하는 시점에 맞닥뜨렸다. 철도회사인 CSX에서 관리하는 하이라인이 뉴욕시의 자금으로 공사를 진행하려면 그 소유권이 뉴욕시로 이전되어야 했다. 소유권도 없는 시설물을 조성하는 일에 시가 나서서 돈을 지출할 이유가 없기 때문이었다. 일단 하이라인의 소유권이 뉴욕시로 넘어오기 전에 설계 계약 비용에 필요한 연방 책정 기금부터 확보하기로 했다. 하이라인의 소유권이 바뀌는 시점에는 설계가 이미 완료될 것이고, 미리 확보해둔 연방기금이 있다면 바로 공사를 시작할 수 있다. 시간을 다투는 일이었다. 또한 '하이라인 친구들'의 역할을 분명히 해야 했다. 그저 특별 프로그램 등을 운영하고 나무를 심는 행사 등의 간접적인 일에만 참여할 것인지, 아니면 영향력을 확보하고 공원의 주된 자금 공급처로 영구히 자리 잡을 것인지 분명하게 결정해야만 했다. 당연히 '하이라인 친구들'은 후자를 택했다. 이제 그들의 일은 하이라인의 철거를 막는 것이 아니라, 뉴욕 공영 공원 운영을 목표로 조직을 탄탄하게 재정비하는 것이었다.

블룸버그 행정부는 '공공-민간 협력'이라는 원칙을 바탕으로, '하이라인 친구들'이 지속적으로 하이라인 프로젝트에 참여할 수 있도록 문을 활짝 열어두었다. 하이라인이 막대한 예산이 들어가는 시 소유 부동산임에도 불구하고 그동안 진행해온 일들을 존중하여 설계팀을 선정하는 데 발언권을 주었다. 운영위원회의 시청 쪽 인원이 5명이고 '하이라인 친구들' 쪽 인원 역시 5명이었으니, 그간의 공로를 충분히 인정해주었음을 알 수 있는 대목이다.

위원회는 참가 신청 공고를 내어 설계 공모에 참가할 회사들을 불러 모았다. 다만 건축가·조경설계사·도시계획가·디자이너·엔지니어가 팀을 이루되, 각 팀별로 리더를 선정해 공모할 것을 단서로 달았다. 모두 51개 팀이 참가신청서를 냈고, 이 중 7개 팀이 선정되었다. 위원회는 각 팀의 설계자 일곱 명을 인터뷰해 하이라인에 어떻게 접근할 것인지 알아보았다. 이 과정에서 네 팀이 추려졌다. 네 팀은 각각 '자하 하디드와 발모리 어소시에이츠(Zaha Hadid Architects with Balmori Associates) 연합팀' '제임스 코너 필드 오퍼레이션과 딜러 스코피디오 + 렌프로, 피에트 우돌프(James Corner Field Operations and Diller Scofidio+Renfro, Piet Oudolf) 연합팀' '스티븐 홀 아키텍츠와 하그리브스 어소시에이츠(Steven Holl Architects with Hargreaves Associates) 연합팀' '마이클 반 발켄버그와 D.I.R.T. 스튜디오, 베이어 블라인더 벨(Michael Van Valkenburgh Associates with D.I.R.T. Studio and Beyer Blinder Belle) 연합팀'이었다. 각 팀에는 2만 5,000달러씩 지급되었고, 설계 도중에 인터뷰 계획을 세워 각 팀을 찾아가기도 했다. 그리고 이들을 인터뷰하면서 각 팀의 하이라인에 대한 접근 방식을 들었다. 이 과정에서 '하이라인 친구들'은 하이라인 설계에 대한 정체성의 줄기를 찾아가기 시작했다. 공모전은 '네 개의 팀과 최고의 비전을 선택하다'라는 제목의 전시회를 통해 한 팀을 선정하는 것으로 마무리 지을 계획이었다. 드디어 아키텍처 센터에서 전시회가 열렸다. 개막식 취재 독점권을 확보한 「뉴욕 타임스」는 전시회가 열리기 전에 미리 네 팀의 작품을 지면에 공개했다.

네 팀 중에서 최종적으로 선정된 팀은 '제임스 코너 필드 오퍼레이션(건축설계)과 딜러 스코피디오 + 렌프로(건축디자인), 피에트 우돌프(식재·조경디자인) 연합팀'이었다. 이들은 새로운 산책로 체계를 설계의 핵심으로 내놓았다. 이 산책로의 특징은 녹지 조성이 가능한 콘크리트 판이었다. 식물은 선로에 깔린 자갈 틈 사이를 뚫고 나왔던 것처럼 콘크리트 판 사이를 뚫고 나와 딱딱한 통로와 부드러운 모판의 경계를 없애준다. 마치 인간이 만든 구조물 사이로 자연이 스며드는 듯한 개념이었다. 또한 하이라인 구조물을 절단하여 강철 들보로 통하는 계단을 내자고 제안했다. 대부분의 건축가들은 하이라인을 뭔가 만들어내는 연습장으로 보았다. 그러나 제임스 코너의 팀은 하이라인에 뭔가를 덧붙이는 대신 옷을 벗기고, 구조물을 있는 그대로 드러내는 데 초점을 맞췄다. 또한 식물을 보는 비전도 설득력이 있었다. 이 팀의 원예 전문가는 풀과 다년생식물을 자연스럽게 구성했고, 겨울에는 식물의 죽은 부분을 그대로 방치해 눈이 왔을 때 조각 작품처럼 보이는 효과를 창출했다. 자연 상태의 하이라인이 얼마나 아름다운지 보여줄 수 있는 방식이었다. 인위적으로 꾸며진 것이 아니라, 하이라인의 정체성과 그 역사성을 지키면서도 자연과 결합할 수 있는 방법이었다.

설계팀 선정 작업이 끝나자 시장은 하이라인에 2,750만 달러의 기금을 할당하기로 결정했다. 시의회에서 할당한 1,575만 달러와 합하면 공사 비용으로 4,325만 달러가 확보된 것이다. 이 사실을 뉴욕시가 기자회견을 통해 발표했다. 사실상 대부분의 이해 당사자가 하이라인 프로젝트에 동의했으며, 그에 따라 설계팀이 결정됐고, 결과적으로 4,300만 달러 이상의 건설 자금을 확보했다는 내용이었다.

'오픈하우스 뉴욕'의 2주년 차에는 일반인 참여 규모가 더 커질 것으로 예상하여 하이라인을 전망할 만한 새 장소를 물색했는데, 갱스부르트가 모퉁이에 적당한 곳이 있었다. 뉴욕시 경제개발공사 소유의 빈 건물로, 이곳에서 하이라인이 잘 보였다. 예상대로 많은 사람들이 하이라인을 보기 위해 찾아왔다. 한 시간을 기다린 사람들에게 허용된 시간은 겨우 2분 정도, 그래도 하이라인을 보겠다는 사람들은 끝없이 밀려들었다. 하이라인은 하이라인 이상으로 발돋움하고 있었고, 일종의 상징으로 자리 잡아가고 있었다.

하이라인 위의 하이라인

설계팀 선정과 공사 비용 확보, 이렇게 두 개의 큰 산을 넘자 하이라인 프로젝트를 방해하는 모든 장애물이 걷힌 것처럼 보였다. 그러나 아직은 안심하기 일렀다. 수많은 난관들이 그들을 기다리고 있었다. 하이라인 프로젝트의 후원자들은 단순히 하이라인을 지원하기보다는 하이라인의 가치를 살리고, 이를 만들어가는 '하이라인 친구들'을 지원하고자 하는 사람들이 많았다. 다시 말해, 불가능한 프로젝트를 미래로 끌고 나가는 사람들을 후원하고자 했던 것이다. 이러한 후원자들의 믿음은 '하이라인 친구들'이 하이라인 프로젝트와 뉴욕시 사이에서 입지를 공고히 할 수 있는 큰 버팀목이 되었다.

과거 그랜드센트럴 역에서 개최한 아이디어 공모 전시회가 시야를 상당히 넓혀 주었기 때문에 설계팀의 예비 작업을 전시 형태로 공개하기로 방침을 세웠다. 장소는 모마(MoMA: 뉴욕 현대미술관)로 결정했다. 6개월간 설계팀의 예비 작업을 전시하면서 하이라인의 비전을 뉴욕 시민들과 충분히 나눌 수 있는 시간을 가졌다. 이 전시는 프로젝트에 대한 믿음을 심어주었고, 시민들의 시야에 하이라인이 자리 잡는 중요한 계기가 되었다.

'하이라인 친구들'은 조차장(操車場, marshaling yard)을 중심으로 한 스타디움 계획안에 대해서는 공식적인 입장 표명을 하지 않았다. 모마 전시회에서는 그 문제를 회피하기 위해 아예 지도에서 스타디움을 지워버리기도 했다. 블룸버그 행정부의 취임과 함께 하이라인 프로젝트를 전폭적으로 지지한 댄 부시장의 역점 사업이면서도, 지역 커뮤니티 위원회에서는 반대하는 사업이었기 때문에 누구 손을 들어주기가 곤란했던 것이다. 이러한 태도 때문에 '하이라인 친구들'은 때로는 비난을 받기도 했으나 방법이 없었다. 그러던 중 공공당국 통제위원회는 스타디움 재정 지원을 승인해달라는 뉴욕주의 요청을 거부했다. 즉 스타디움 건설이 2012년 올림픽 유치안에 포함될 수 없다는 의미였다. 올림픽을 배후에 두지 않는 한 스타디움 건설은 성사될 가능성이 없었고, 결국 그 계획은 무산돼버렸다.

2005년, 지구 개편 사업의 막바지 단계에 이르러 6월 15일 공청회가 열렸고, 여기서 역사지구 지정과 이를 뒷받침하는 사항들이 협의되었다. 부동산 지주들은 '하이라인 프로젝트를 반대한다'는 오랜 주장을 철회했다. 이로써 프로젝트의 마지막 행정적·지역적 장애물이 제거되었다. 시의회 공청회 이틀 전인 6월 13일에는 지상운송위원회에서 뉴욕시가 신청한 '잠정적 트레일 용도 허가서'를 승인했다는 뉴스가 「뉴욕 타임스」 1면을 장식했다.

이렇게 장애물이 하나씩 제거되고, 시민들과 공유한 하이라인의 비전은 기금 모금 행사에서 빛을 발했다. 그해 여름 모금 행사에서는 100만 달러 이상이 모금되었다. 힐러리 클린턴(Hillary Clinton) 상원의원은 그해 8월에 하이라인을 방문하여 다년도 운송 법안 재승인 과정에서 하이라인에 연방기금 1,800만 달러를 할당한다고 발표했고, 법안이 상원에 상정되자 클린턴과 슈머(Chuck Schumer) 의원은 할당액을 1,800만 달러로 확정했다. 수많은 하이라인 지지자들이 두 상원의원에게 소리 높여 지원금을 요청한 덕분이었다.

2005년 10월 말, 모마 전시회가 끝나기 직전에 '하이라인 친구들'은 다이앤 폰 퓌르스텐베르크와 그녀의 남편 베리 딜러(Barry Diller), 아들 알렉스 폰 퓌르스텐베르크와 함께 그곳을 방문했다. 당시 하이라인 위원회에 갓 합류한 알렉스는 다이앤과 베리에게 "하이라인에 좀 더 관심을 가져달라"라고 부탁했다.

'잠정적 트레일 용도 허가서'를 받아낸 뒤, 뉴욕시와 CSX는 하이라인의 미래를 공원으로 공식화한 트레일 사용 협정을 타결했고, 이와 동시에 CSX는 30번가 하이라인 남단을 뉴욕시에 헌납했다. 이제 하이라인 프로젝트를 가로막는 장애물은 아무것도 없었고, 공사가 본격적으로 시작되었다. 조차장 주변의 30번가 하이라인 북단 소유권은 아직 CSX에 있었지만, 스타디움 계획이 백지화된 데다 해당 구간만 합의가 이루어지지 않은 상태였기 때문에 모든 당사자들의 동의를 구하는 일은 쉬워졌다. 그 구간이 어떻게 될지는 몰라도, '하이라인 친구들'은 하이라인의 3분의 2를 확보했다.

꿈이 이루어지다

전시장 관람 이후 '하이라인 친구들'은 다이앤 부부와 알렉스에게 자금 지원을 부탁하는 편지를 보냈다. 가족과 더불어 수개월간 심사숙고한 다이앤은 로버트와 조슈아에게 자신의 사무실로 와달라고 했다. 그들과 만난 다이앤은 하이라인 프로젝트의 진행 상황을 주의 깊게 들은 뒤 500만 달러의 기부를 약속했다. 이 엄청난 금액은 '하이라인 친구들'에게 많은 힘이 되었다.

2006년 2월, 공사장 인부들이 하이라인으로 올라가기 시작했다. 인부들이 가장 먼저 한 일은 모든 것을 들어내는 작업이었다. 철로에 깐 자갈들을 받치고 있던 콘크리트 평판까지 들어내어 손을 보고 배수 시설을 새롭게 설비했다. 부지 준비 작업은 하이라인 프로젝트에서 가장 비용이 많이 드는 일이었다. 설계팀은 자신들의 설계 방식을 규정짓는 슬로건을 하나 만들어냈다. '단순하게, 야생 그대로, 조용히, 천천히.' 커뮤니티를 비롯한 대부분의 사람들은 하이라인에서 자전거를 타는 것과 상업 행위가 많이 이루어지는 것을 원치 않았고, 이 의견을 받아들여 설계팀이 방향을 정한 것이다.

기공식 날, 하이라인 프로젝트를 지원했던 모든 정부 공무원과 더불어 다이앤 부부도 '하이라인 친구들'과 함께 연단에 서서 500만 달러 기부금 전달을 발표했다. 다이앤이 말했다. "하이라인은 우리에게 이야기해줍니다. 뉴욕에서는 꿈이 이루어진다고요." 그날 기공식에 참석한 수백 명의 사람들과 파티 참석자 1,000여 명은 모두 '내가 하이라인을 살렸다(I Saved the High Line)'라고 새겨진 작은 배지를 달고 있었다. 그것은 사실이었다. 수천 명의 사람들이 하이라인 프로젝트의 실현을 도왔다.

그 뒤 하이라인 프로젝트는 리먼브라더스 사태를 비롯하여 몇 번의 고비를 넘기며 프로젝트를 운영해나갔다. 그중 가장 큰 사건은 역시 다이앤 부부의 '1,000만 달러 챌린지 기부'였다. 하이라인 프로젝트를 시작했을 때부터 많은 사람들이 대단한 방법으로 후원의 정도를 높여주었는데, 다이앤 부부의 기부금은 그중 단연 으뜸이었다. 그 놀라운 숫자 뒤에는 더욱 큰 의미, 즉 하이라인이 뜻하는 바에 대한 믿음이

숨어 있었다.

2009년 5월, 하이라인 1구간 개장일 한 달 전에 로버트의 제안으로 하이라인 위원회 위원들은 34번가부터 갱스부르트가까지 하이라인 전 구간을 걸었다. 그런 다음 2구간 공사 현장으로 이동했다. 여전히 공사는 진행 중이었고 남은 일들도 많았다. 그렇지만 새로운 시작이 진행되고 있음을 모두 알고 있었다. 스탠더드 호텔에서 하이라인을 조망하며 회의를 열었다. 이제는 공원 운영에 대한 고민을 시작해야 할 시점이었다. 얼마나 많은 사람들이 공원을 찾아올지 알 수 없었다. 공원 개장 후 몇 달은 모든 하이라인 진입로를 지나는 방문객 수를 헤아려 일정한 수가 넘어가면 통로를 폐쇄하고, 이후 사람이 충분히 빠져나가면 다시 방문객을 들이는 방식 등이 논의되었다.

6월 1일, 하이라인을 일반인에게 공개하기 일주일 전이었다. 다이앤 부부는 하이라인에서 개장 전 디너 행사를 주최했다. 200명의 손님이 하이라인에 들어섰다. 다이앤 폰 퓌르스텐베르크 가문의 챌린지 기부금 전달을 발표한 것도 이 자리에서였다. 그 순간 우레와 같은 박수와 환호가 터져 나왔다. 다이앤 부부는 자신들이 약속한 챌린지 기부를 완수하기 위해 지도력을 발휘했다. 그때 리사 팔콘(Lisa Falcone)이 마이크를 잡았다. 리사는 자신과 남편 필립(하빈저캐피털의 창업자)이 다이앤 부부에게 고무되었다며, 1,000만 달러를 기부해 챌린지 기부를 완수하겠다고 발표했다. 금융 위기 상황에서 정말 어려운 결정이었다. 이런 사람들의 지원과 믿음이 있었기에 하이라인은 무사히 완성될 수 있었다.

개장식은 스탠더드 호텔 아래에서 이루어졌다. 하이라인 프로젝트에 동참했던 많은 사람들이 연단에 섰고, 관중들에게 이야기를 전했다. 개장식 날 아침, 각양각색의 사람들이 공원으로 쏟아져 들어오면서 하이라인은 더 이상 '하이라인 친구들'만의 것이 아닌, 모두의 공간으로 살아 숨 쉬게 되었다. 하이라인 1구간 개장식이 열린 2009년 6월 8일 이후 2년만 따져도 400만 명 이상의 사람들이 공원을 다녀갔다. 그 절반은 뉴욕 시민이었고, 절반은 타 지역 사람들이었다. 공원의 인기는 '하이라인 친구들'이 예상했던 수준을 훨씬 뛰어넘었다. 이곳은 뉴욕의 명물이 되었고, 사람들과 하이라인은 빠른 속도로 서로에게 스며들었다.

하이라인 파크는 그렇게 15년이라는 긴 시간에 걸쳐 만들어졌다. 그것은 짧은 시간에 많은 돈을 들여 만들어진 것이 아니며, 공간을 구성하는 설계와 공사는 하이라인 탄생 과정의 극히 일부일 뿐이다. 오랜 시간 무수한 고민과 설득의 과정을 거치며 차근차근 쌓아온 지역의 역사가 바로 하이라인이다. 하이라인 프로젝트 초창기에 젊은 청년이었던 이들은 어느새 장년층에 들어섰고, 당시 태어나지도 않았던 사람들이 하이라인의 과거 유산을 자연스럽게 체험하며, 뉴욕의 역사를 이해하고 동시에 뉴욕의 현재를 즐기고 있다.

하이라인 산책로

하이라인이 전하는 이야기

　'도시재생 프로젝트'를 추진 중인 세계 여러 도시들이 하이라인을 롤모델로 삼는 것은, 단지 하이라인의 콘셉트만을 따라 하려는 것이 아니다. "죽은 공간을 다시 살리자"는 하이라인의 뜻과 의미는, 단지 1.45마일(2.33킬로미터)의 고가철도에 꽃과 나무를 심고 벤치를 설치해 시민들에게 또 하나의 휴식 공간을 제공하겠다는 일차원적인 수단과 목표 이상의 가치를 지닌 것이었다. 앞서 살펴보았던 하이라인의 만들어지기까지 과정과 현재의 모습을 되새겨보면 성공하는 도시재생의 모범적인 시사점이 보인다.

　첫 번째, 도시재생은 지역 공간의 풍경을 급격히 바꾸지

하이라인 예술작품과 쉼터

않고 서서히 바꾼다. 하이라인은 기존 철도의 골격을 유지하면서 주변의 건축물과 전망이 잘 어울릴 수 있도록 재생 프로젝트를 진행한 결과, 노선이 이미 가지고 있던 주변 풍경에 자연과 인공, 옛것과 새것이 혼재하며 독특한 분위기를 지니게 되었다. 예를 들어 노선 시작 부분에 있는 '미트패킹 디스트릭트'는 폐쇄된 정육공장 지역이 고급 패션 거리로 탈바꿈한 곳으로서, 낡은 창고 건물들이 아직도 옛 모습 그대로 쓰이고 있어 고가철도였던 하이라인의 풍경과 멋들어지게 어우러진다. 공원 경로를 따라 유명 건축가들이 설계한 명품 빌딩도 감상할 수 있다. 실제로 하이라인을 찾아가 걷다 보니 공원 한쪽의 허드슨강과 다른 한쪽 맨해튼 도심 핫플레이스들이 각기 익숙하고 새로운 풍경으로 한눈에 내려다보여, 수많은 영감과 감상에 빠져들게 했다.

두 번째, 도시재생은 공간의 문화를 바꾼다. 하이라인은 지역의 많은 사람들이 손쉽게 찾아오고 자유롭게 거닐 수 있는 공원으로 가꾸어지다 보니 공간 안에서 자연스럽게 그만의 문화와 예술이 자리 잡게 되었다. 창의적 정신을 지닌 젊은 사람들이 찾기 시작하면서 이들의 소비 패턴에 맞춰 하이라인 주변 모습이 유행을 선도하는, 분위기 있고 감각적인 주거지로 차차 변모한 것이다. 하이라인을 찾는 이들의 취향에 맞춰 다양한 공연과 예술 작업이 끊임없이 기획되기

하이라인을 즐기는 사람들

도 한다.

세 번째, 도시재생은 지역경제에 활기를 북돋는다. 많은 사람의 발길이 닿으면 닿을수록 주변 상권은 더욱 활력을 더해 지역경제를 활성화시킨다. 도시재생의 주체라면 누구나 바라고 원하는 일이지만 이는 결코 쉬운 일이 아니다. 하이라인의 노선 끝에서 곧바로 연결되는 첼시 마켓은 지역 자원을 활용해 지역경제 활성화 효과를 극대화한 예다. 첼시 마켓 역시 버려진 과자공장을 쇼핑몰로 재탄생시킨 곳으로, 유명 식재료와 식품 매장이 다수 입점하여 지역 주민은 물론 외부 관광객의 발길이 끊이지 않고 있다. 지역 공간 내부의 활발한 경제활동은 단순히 지역경제에만 호황을 가져다주는 것이 아니라 하이라인을 걷는 모든 이에게 호재다. 누구나 좋은 기억과 감정을 경험하다 보면 그러한 가치들을 고스란히 간직하고 싶은 마음도 함께 든다. 하이라인의 멋과 감각이 흠씬 담겨 있는 상점가에서의 쇼핑은, 단지 상품을 구매하는 것이 아닌 하이라인의 문화와 기억을 소비하도록 해 지역 주민은 물론 방문객의 만족도를 높이고 지역경제를 활성화하는 시너지를 내는 것이다.

이와 같이 도시재생에 성공한 하이라인 프로젝트의 시작은 결코 거창하지 않았다. 그저 지역의 산업유산을 보존하고 싶었던 두 청년의 작은 생각으로부터 출발했다. 하지만 그

첼시 마켓

발상이 구체화되면서 지역 주민들을 움직일 수 있었고, 행정기관을 움직이게 했고, 상원의원까지 움직여서 현재에 이를 수 있었다. 이 과정에서 뉴욕을 사랑하는 각기 다양한 분야의 독지가들이 도움을 주었다. 아무리 재산이 많은 사람이라도 공공의 이익을 위해 선뜻 기부하기란 결코 쉬운 일이 아니다. 하지만 하이라인은 프로젝트가 사람을 움직인 것이 아니라 사람이 프로젝트를 움직였기에 남달랐다. 지역의 산업유물을 보존하고 재생산하는 일은 곧 주민에게 가치를 환원하는 아름다운 과정이었기에 주민들은 직접 주체가 되어 움직일 수 있었다.

'하이라인 친구들'은 지역이 간직해온 정체성과 역사를 쉽사리 잃어버리는 것이 부당하다고 생각했고 이를 어떻게든 살리고자 노력했다. 그리고 결코 쉽지 않은 이 과정을 장기간 생업과 함께 병행해야만 했다. '하이라인 친구들'의 꿈과 도전은 아직까지도 진행 중이다. 그들은 여전히 하이라인 곳곳을 누비며 하이라인이 살아 숨 쉬도록 돕는다. '하이라인 친구들'에게는 세 가지 바람이 있다고 한다. 하이라인이 언제까지나 뉴욕 시민의 사랑을 받는 것. 하이라인만의 프로젝트로 그치는 것이 아니라 다른 프로젝트에 영감을 불어넣는 역할을 하는 것. 그리고 창립자인 로버트와 조슈아가 없더라도 발전을 거듭하는 것이다. 창립자에게 의존하지 않는

독립성에 대한 고민은, 비단 '하이라인 친구들'만이 아니라 지역과 도시가 공공재로서 지속적으로 성장하고 변화하기를 바라는 우리 모두가 고민해야 할 문제다.

그와 같은 지속적이고도 성공적인 도시재생을 위해서는 무엇보다 지역에 발을 담그고 있는 사람들의 자발적이고도 지속적인 관심과 노력이 필요하다. 그들이 있었기에 하이라인이 있는 것이다. 내부의 자생력을 배가하고 주변 지역들과 시너지를 내며 도시에 새로운 생명력을 주는 이른바 자생적 도시재생 개념은, 20세기 중후반 도시화 문제를 해결하고자 시도한 '도시재건(urban reconstruction)' '도시재개발(urban redevelopment)' 개념과 다르다. 재건 또는 재개발로 칭해지는 사업이 토목 중심의 환경 정비와 재건설이었기에 고유의 지역 문화와 환경이 어우러지는 지속성에서 문제가 계속 나타날 수밖에 없었다. 반면에 문화·경제·환경 모두 포함하는 지속가능한 개념이 바로 하이라인의 도시재생 개념이다. 하이라인은 경제 발전 위주의 기존 지역개발 개념과 다르게, 외부 의존 및 도시 확장을 지양하고 지역 자원의 활용 및 기존 공간에 새로운 기능 도입을 통한 사회적 공공성에 집중했다. 또한 일방적인 하향식 개발이 아닌 다양한 지역 주체가 중심이 되어 구상과 활동에 적극 참여함으로써 실행력과 경쟁력을 높일 수 있었다. 하이라인의 번영은, 온전히 하이라인을 걸으며 힘을 보태는 사람들에 의해 이루어진 것이었다.

이제 우리 주변을 돌아보자. 기술은 끊임없이 발전한다. 하지만 도시의 집중화 문제와 각종 환경문제, 삶의 질 문제는 인류로 하여금 기술의 진보보다 늘 한발 앞서 난관에 봉착하게 할 것이다. 따라서 하이라인의 사례를 본보기 삼아, 더 이상 자본집약적인 최첨단 클러스터나 거대한 건축물에만 집착하지 말고 버려진 건물과 부지를 비롯한 재생 가능한 공간들을 지역과 유기적으로 어우러지게 돌아봐야 한다.

미래의 도시 공간은 지금보다 훨씬 사람과 지역 중심으로 발전하게 될 것이다. 지역사회가 이미 가지고 있는 자원의 환경적·사회적 가치를 높여 지역 네트워크를 형성하고 있는 다양한 사람들의 필요부터 충족시켜나갈 때, 누구나 오고 싶은 지역, 지속가능한 경제적 가치를 갖춘 지역, 삶의 원동력이 되살아나는 지역을 만들어나갈 수 있다. 그리고 서둘지 말고, 공간에 철학과 성찰을 담아 온전히 지역의 시간 안에서 재생이 될 수 있도록 함께 힘을 모아야 할 것이다. 우리 또한 주변을 돌아보며 미래를 함께할 공간을 깨워 재발견을 위한 많은 시도를 해야 할 것이다. 옛 철도를 걷어내지 않고 되살린 뉴욕 하이라인의 도시재생 방식이, 과거로 돌아간 것이 아닌 미래로 향하는 길인 것처럼 말이다.

제7장

베이징 798예술구

문화예술의 중심지가 된
버려진 공장지대

중국이 가진 문화·예술 활동의 저력

중국 수도에 만들어진 '예술구'가 갖는 의미

최근의 중국은 세계적으로 다양한 분야에서 맹위를 떨치며 무서운 속도로 발전하고 있다. 많은 선진 국가들이 수백 년에 걸쳐 이루어낸 결과들을 중국은 짧은 시간에 성취하면서 금세 '경제대국' '강대국' 등의 호칭을 얻었다. 물론 빠른 성장에 뒤따르는 빈부 격차, 지역 간 격차, 문화지체현상(물질문화의 변화 속도를 비물질문화가 따라가지 못하는 현상) 등 다양한 문제를 안고 있지만 세계의 어느 나라도 중국을 무시할 수 없는 지경에 이르렀다.

중국은 사회주의국가다. 그 때문에 창의적인 사고와 자유로운 표현에 기반을 두는 문화의 발전은 어떻게 보면 중국이라는 국가와는 어울리지 않는 개념인지도 모르겠다. 1966년부터 1976년까지 10년간, 그리 멀지 않은 과거에 중국은 마오쩌둥(毛澤東)이 주도하는 '문화대혁명'을 겪었다. 각지에서 조직된 어린 홍위병들은 마오쩌둥의 지시에 따라 전국을 휩쓸었다. 진짜 목적은 실각의 위기에 몰린 마오쩌둥이 극좌 사회주의 운동을 통해 사회 분위기를 급격히 냉각시킴과 동시에 반대파를 숙청하려는 데 있었지만, 결과적으로 중국 각지의 문화유산들은 엄청난 수난을 겪어야 했다.

1966년 8월 18일, 천안문 광장에서 백만인 집회가 열렸다. 그곳에 모인 홍위병들은 전국의 주요 도시에 진출하여 마오쩌둥 사상을 찬양하고, 낡은 문화를 모조리 없애버린다는 명분 아래 학교를 폐쇄했으며, 모든 전통적인 가치와 부르주아적인 것들을 공격했다. 당의 관료들을 공개적으로 비판했고, 전국 각지에서 마오쩌둥의 반대파들이 장악한 권력을 무력으로 빼앗았다.

무산계급인 인민으로부터 적으로 규정된 수많은 사람들과 세력이 무차별적인 공격에 쓰러져갔다. '계급의 적'으로 몰린 사람들은 과거의 혁명 영웅, 각 분야의 전문가, 학자, 민주 인사 등이었고, 수천 년을 이어온 중국의 문화재도 그 대상에 포함되었다. 정치혁명이나 경제혁명과는 달리 문화혁명은 '사람의 의식을 개조하여 혁명을 완성한다'는 논리로 진행됐기 때문에 매우 자의적이면서도 과격한 양상을 띨 수밖에 없었다. 그야말로 '마오쩌둥 사상'과 관계없는 것들은 대부분 공격의 대상이 되었다고 해도 과언이 아닐 정도로 홍위병들은 '광기'에 가까운 대대적이고 난폭한 활동을 벌였다. 이때 구시대적 문화유산을 제거한다는 명분으로 공자의 묘를 포함하여 고대 사찰과 사당을 비롯한 역사 유물들이 무수히 파괴되었다. 10년간 이어진 폭력의 시간 동안 수천 년에 걸쳐 쌓이고 쌓인 많은 문화재가 그렇게 빛을 잃어버렸다.

1976년 마오쩌둥의 사망으로 문화대혁명은 끝이 났고, 그 뒤 이것은 혼돈과 경제 침체를 일으킨 국가 재난이라고 간주되기 시작했다. 문화대혁명 기간 동안 중국의 문화와 교육은 마비되었다. 대입 시험이 중단되었고, 많은 지식인이 농촌으로 보내졌으며, 자아비판의 대상이 되었다. 중국의 전통 사상은 무시되었고, 그 자리를 마오쩌둥 사상이 대신했다. 당시 마오쩌둥의 어록은 절대적으로 추앙받았으며 누구나 휴대해야만 했다. 건물·공예·서적 등의 역사·문화 유적과 전통 유산이 '구시대적 산물'로 간주되어 파괴되었고, 전통 문화의 지위 역시 크게 손상되면서 전통 의례, 고전문학,

전통 명절 등의 위상이 약화되었다. 종교 탄압도 가해져 마르크스-레닌주의와 배치되는 모든 종교는 박해를 받았다. 이렇게 '파괴'라는 단어로 표현할 수밖에 없는 문화대혁명은 공산당 중앙위원회가 1981년 6월, 문화대혁명의 과오를 공식적으로 인정하면서 완전히 마무리되었다.

그런데 불과 40~50여 년 전에 이런 큰일을 겪은 국가의 수도에 2006년, 한 '예술구(藝術區: 예술의 거리)'가 문화 발전을 상징하는 문화창의산업기지(文化創意産業基地)로 공식 지정되었다. 바로 베이징에 자리한 '798예술구'였다. '직접 보지 않으면 상상이 되지 않는 일'이었다. 하지만 수천 년간 누구보다 찬란한 문화를 꽃피웠던 중국 민족이기에 가능할 것도 같았다. 그들이 가진 문화적 저력과 추진력이야말로 그런 일을 가능케 한 가장 큰 원동력이지 않을까 싶었다.

방치된 공장지대가
문화 공간으로 변모하기까지

'예술구'의 시작

'798예술구'라는 이름을 처음 들은 사람들은 대부분 그 이름이 무엇을 뜻하는지 몰라서 고개를 갸우뚱한다. 이곳의 정식 명칭은 '다산쯔(大山子) 798예술구'로, 원래는 '718렌허창(聯合廠)'이라 불리던 지역이었다. 과거 베이징의 '제1차 5개년 계획' 시기에 건설된 '베이징 화베이 무선전신연합 기자재공장[북경화북무선전연합기재창北京華北無線電聯合器材廠]'이 바로 이곳인데, 798·797·718·707·706 등 '7'자 돌림의 여러 개의 국영 공장이 모여 있던 공장지대 중 하나였다고 한다. 718 렌허창은 1950년대 초반에 베이징 동쪽 교외에 공장지대로 조성된, 대형 공장들이 밀집한 대단위 공업 지역이었다는 것이다. 이곳에서는 주로 군수물자와 면직물을 생산했으며 중국 최초로 원자탄의 부품을 생산할 정도로 중요한 전자공업 공단이기도 했다. 이러한 생산력을 바탕으로 1970년대에는 베이징의 근대화를 이끌었던 곳이었다.

그러나 1978년 개혁·개방과 더불어 중국에 현대화의 바람이 불어닥쳤다. 중국 사회의 큰 변화 속에서 공장은 경쟁력을 잃어갔고, 기계가 멈추는 곳이 점차 늘어났다. 이후 중국의 경제성장과 도시화 정책이 가속화되면서 대부분의 공장들이 이전하고 빈 건물만 덩그러니 남게 되었다. 베이징의 대대적인 정비 계획을 계기로 공장들이 시내 밖으로 이동하면서 이 지역 전체가 거대한 흉물로 전락해버린 것이다. 이러한 지역의 번영과 쇠퇴 과정은 산업화와 현대화를 거친 대부분의 국가와 도시가 겪어온 일이다. 뉴욕, 파리, 런던 등 세계 유수의 도시들이 현대화 과정에서 산업 유물로 전락한 도심 공간에 대해 고민했고, 나름의 방법대로 재생을 시도하고 성공하기도 했다. 하지만 베이징의 사례는 그들과는 조금 차이가 있다.

먼저 이곳이 '예술구'로서 발을 내딛을 수 있었던 이유는 '위치'에 있다. 1995년 중국 고등 미술교육의 최고 명문인 중앙미술학원이 다산쯔 지역의 '718렌허창'과 마주한 베이징전자원건이창(北京電子元件二廠)으로 옮겨 왔고, 6년간 그곳을 임시 학교 건물로 사용했다. 같은 해 조소과는 정부로부터 의뢰받은 조각상을 만들기 위해 학교와 가까운 798공장의 유휴 공간을 임대하게 된다. 임대료가 싸고, 공간이 넓으며, 학교와 가깝다는 점 등 유리한 입지 조건 때문이었다. 1995년부터 1998년까지 중앙미술학원 조소과는 798공장과 706공장을 작업실로 사용했고, 2000년에는 중앙미술학원 조소과의 쑤이젠궈(隋建國) 교수와 위판(于凡)이 공동으로 이곳에 개인 작업실을 마련했다. 이것이 798예술구 창작실의 시초가 되었다.

2002년 쑤이젠궈의 소개로 미국인 로버트 버넬(Robert Bernell)이 입주하여 서점·카페·화랑·문화 강좌의 집합지인 '바이스취(八藝時區: Timezone 8)'를 열었고, 이어서 같은 해에 화가 황루이(黃锐)와 사진작가 쉬융(徐勇)이 입주했다. 황루이는 1976년 제1차 천안문 사태 때 천안문 광장에서 「인민의 추모」라는 자작시를 낭송했다가 구금되었고, 1979년부터 두 차례 기성 권위에 대항하고 창작의 자유와 민주화를 요구하는 시위 형태의 전시인 '싱싱미전(星星美展)'을 주도적으로 개최하여 중국 현대미술의 기폭제 역할을 했었다(당시의 황루이는 자신의 생각을 자유롭게 표현하는 추상 위주의 평면회화를 주로 그렸다). '싱싱미전(星星美展)'의 '싱싱(星星)'은 '별들'을 의미하는데, 문화대혁명 시절엔 오로지 하나의 '태양' 즉 마오쩌둥만이 존재해야 했다. 10년 이상 밤낮없이 떠 있는 강렬한 태양으로 인해 중국인들은 시각을 상실했고, 별들은 자취를 감추어야 했다. 별들이 보인다는 것은 절대 권력의 쇠락과 동시에 개개인이 빛을 발할 수 있고, 자유롭게 각자의 관점을 가질 수 있다는 의미다. 이 전시는 단순한 미술전이 아닌, 표현의 자유를 갈망하는 미술인들의 정치적 활동이라고 볼 수 있다.

1984년 황루이는 중국 정부의 탄압을 피해 일본으로 자리를 옮겨 활동했는데, 당시엔 중국을 떠나 외국에서 활동하는 예술가들이 많았다. 그 뒤에도 베이징을 드나들며 민주적 성향을 가진 인사들을 계속 접촉하는 등 반정부 성향을 보이자, 중국 당국은 아예 그를 1995년부터 5년간 입국하지 못하게 막기도 했다. 이러한 전력이 있는 황루이가 '798예술구'에 입주하면서 이곳은 급속도로 예술구로서 면모를 갖추게 되었다. 오랫동안 일본에서 활동한 황루이의 소개로 2002년에는 일본의 '도쿄화랑(東京畵廊)'이 입주하여 갤러리를 열었다.

쉬융은 798공장을 '아직 개발되지 않은 중요한 인문 자원'으로 인식하여, 798공장에서 빌릴 수 있는 모든 공간을 임대했다. 그중 1,200여 평을 개조하여 2002년 4월 '시태공간 (時態空間: 현재의 798Space)'이라는 문화 공간을 오픈하여 전시 활동을 시작했다. 중앙미술학원이 798공장지대를 '예술' 과 조우하도록 했다면, 황루이와 쉬융은 이곳이 예술구로서 발전할 수 있는 기반을 마련했다고 볼 수 있다. 그 뒤 가난하고 재능 있는 예술가들, 특히 미술가들이 이곳에 모여 창작 활동을 하고 서로 교류하면서 798공장지대는 점차 예술가들의 거대한 창작촌으로 변모했다. 중국 사회주의의 핵심이 자 상징과도 같았던 군수공장이 거대한 문화예술단지로 재탄생하고 있었던 것이다.

2002년부터 본격적으로 예술가들과 문화 기구들의 입주가 시작되었고, 그 뒤 1년 만에 예술구로서 모습을 갖추었다. 디자인·음악연출·영화·출판·전시연출·예술센터·갤러리 등 다양한 예술 분야의 작업실과 상업 공간 등 문화와 직접 관련된 공간뿐 아니라, 가구·의상·카페·레스토랑·디자인 회사 등이 들어서면서 이곳은 명실공히 '문화예술단지'로 자리매김하게 되었다. 그 결과 전 세계가 주목하는 가장 '핫 (hot)'한 예술 공간 중 하나가 되었다. 2003년 미국의 주간지 「타임(Time)」은 세계에서 가장 문화 상징성이 뛰어난 22개 도시 예술센터 중 하나로 '798예술구'를 선정했고, 같은 해 「뉴스위크(Newsweek)」도 12개의 세계 도시 중 하나로 베이징을 선정했다. 또 2004년에는 「포춘(Fortune)」이 '발전성 있는 20개 도시' 중 하나로 베이징을 선정했는데, '798예술구'의 존재가 평가에 큰 영향을 미쳤다.

예술가들의 투쟁과 '798예술구'의 지정

1950년대의 중국은 대형 공장의 건축과 설계를 진행할 만한 기술이 부족했다. 그래서 동독 건축가 셰르너(Schierner) 부자에게 설계를 의뢰했는데, 이들은 독일 바우하우스의 디자인 이념을 채택했다. 이 과정이 '신의 한 수'였을까? 동독의 건축가들은 중국에서 보기 드문 형태의 건물을 설계하여 이곳에 남겨두었다. 우리에게는 동대문디자인플라자(약칭 DDP)로 친근한 세계적인 건축가 자하 하디드(Zaha Hadid)가 798공장지대를 방문한 뒤 "구조주의 건축의 걸작"이라며 감탄을 금치 못했다는 후문이 있을 정도로 이곳의 건축은 그 가치를 인정받고 있다. 독특한 모양의 건축물인 데다가 공업시대의 증기관과 통풍관, 문화대혁명 시대의 붉은 표어들, 노동자들의 낙서 같은 사회주의 냉전 시대의 유물들이 서로 얽혀서 잘 보존된 이 공간은 그 자체로 매우 매력적인 산업유물이었다.

798지구의 소유주인 치싱(七星)그룹은 2003년부터 신규 임대 계약을 진행하지 않았다. 또한 기존의 모든 계약도 3년으로 제한하면서 2005년에 모든 임대계약이 만료되도록 했다. 앞으로 공장지대를 재개발하여 아파트를 건설하는 데 방해가 될 만한 요인들을 사전에 차단한 것이다. 이와 동시에 2005년 베이징시 정부가 도시재개발 방침에 따라 798지구를 철거한다고 발표하면서, 예술구를 지키려는 쪽과 해체하려는 쪽의 의견이 팽팽하게 대립하면서 논쟁이 붙었다. 이에 예술가들은 강한 반대 의견을 내고 청원 등의 활동을 했고, 더불어 많은 예술가들이 이 지역에 계속 몰려들어 예술 창작 활동과 예술 축제를 개최했다. 중국에서는 정책 반대 시위가 용납되지 않으므로 798예술구를 지키기 위해 노력하던 예술가들은 더 현실적인 방안으로 예술 축제를 기획하여 실행했던 것이다.

당시 치싱그룹의 계획을 무산시키려는 의도로 기획한 예술 축제 중 하나가 '다산쯔 국제예술제(DIAF)'로, 작가 황루이가 주도하여 진행했다. 2004년부터 매년 봄마다 지속적으로 개최하면서 지명도를 높인 이 축제는, 시 정부는 물론 국제 예술계에서도 그 가치를 인정받았다. 결국 베이징시 자치부는 베이징건축디자인기관(BIAD: Beijing Institute of Architectural Design)의 도움으로 지역을 보호하기 위한 제안을 추진하게 되었다. 그 제안은 798지구의 바우하우스 형식 건축물을 '근현대 우수 건축물'로 분류하여 보호할 수 있도록 하는 것이었다. 이러한 노력을 바탕으로 베이징 자치정부와 차오양(朝陽)구는 2006년, 이 지역을 '798예술구(The 798 Art Zone)'로 지정하고, '문화적 창조 활동을 위한 중심 지구'로 목록에 올렸다. 또한 치싱그룹과 함께 '베이징 798예술구 리더십 그룹(Beijing 798 Art Zone Leadership Group)'과 공식 사무소를 798 지역에 설립했다. 이어 2006년 9월, 첫 개관식 행사인 '798 창조적 문화 페스티벌(798 Creative Culture Festival)'을 개최하면서 798예술구의 입지를 굳건히 했다.

결국 2006년 시 정부는 정책을 변경하여 798예술구를 1차 '10대 문화창의산업기지'로 공식 지정하기에 이른다. 2006년 들어 정책을 돌연 변경한 시 정부의 입장은 단순하지만은 않았다. 예술가들의 노력으로, 자유롭고 창의적인 예술 활동을 이어갈 수 있는 공간을 얻어낸 단순한 결과만은 아니었다. '제11차 5개년 경제사회발전계획'에 따라 성장의 질을 중시하게 된 중국 정부는, 매년 열리는 '다산쯔 국제예술제'와 '798비엔날레' 등에 참여하기 위해 전 세계에서 예술인들이 몰려드는 이곳을 국가 이미지 제고 및 중국을 대표하는 국제 예술 시장의 구심점으로 발전시키기로 결정했던 것이다.

베이징 정부는 공장지대의 철거와 재개발이라는 도시계획을 '문화예술 특구 조성'으로 바꾸었다. 이렇게 해서 798예술구는 자금성, 만리장성과 더불어 베이징의 3대 여행 특구로 지정되었다. 철거 예정지에서 가장 주목받는 곳으로 신분이 달라진 798예술구는 대대적인 환경 정비에 들어갔고, 이 작업은 베이징 올림픽을 치르기 직전까지 계속되었다. 이에 힘입어 서비스·문화·오락 등의 각종 시설이 점차 모습을 드러냈고, 그 뒤 국내외 갤러리·예술서점·아틀리에·카페·레스토랑 등 도시적 색채를 지닌 공간이 속속 입주했다. 방치된 공장지대가 도시재생으로 베이징 문화 중심의 모습을 갖추게 되면서, 중국 정부는 유휴 공간과 낙후 시설을 대상으로 문화와 연계된 도시재생 지원에 본격적으로 나선다.

798예술구의 과거와 현재, 그리고 미래

'798예술구'의 변모

공식 명칭을 갖게 된 '798예술구'에 대한 정부의 가이드라인은 명확했다. 그 대표적인 예로, 예술가들이 주도했던 '다산쯔 국제예술제'는 관의 주도 아래 개최되는 축제로 자리잡았다. 이 과정에서 축제는 공공성을 띠기 시작했고, 2008 베이징 올림픽 개최를 계기로 798예술구는 시설이나 문화·환경 측면에서 정부의 대대적인 재정 지원을 받아 베이징을 대표하는 예술 지구로 성장했다. '798예술구'는 이때부터 중국 예술의 새로운 문화 아이콘으로 자리매김하게 된 셈이다.

필자가 수차례 방문하여 살펴본 798예술구는 외형적으로도 매우 흥미로운 공간이었다. 우선 유럽의 건축 양식을 도입해 1950년대에 완공된 이 건물들은 콘크리트의 거친 면을 그대로 드러낸 게 특징이다. 또 공장에 쓰였던 다양한 시설물, 문화대혁명 시기에 쓰인 것으로 보이는 붉은색 표어들, 노동자들의 낙서 등이 낯선 조합을 보이며 독특한 감성을 자아낸다. 이곳은 중국의 과거를 이야기하는 산업 유물이자 역사의 현장으로, 건축적·공간적 가치는 물론 인문학적 가치가 버무려져 독특한 미학적 가치를 이뤄낸 것이다. 이러한 공간의 가치는 예술가들에게 많은 영감을 주었고, 갤러리나 스튜디오, 상업 공간이 입주하면서 이를 그대로 보존한 경우도 많았다. 중국이 겪었던 격동의 시기가 오롯이 담겨 있는 798예술구는 이제 문화예술 공간으로 변모하여 새로운 역사와 문화를 만들어가고 있다.

798예술구는 도시에 위치한 산업 유물이 효과적으로 재사용되는, 이른바 '도시재생'의 좋은 사례로서 뉴욕의 하이라인, 파리의 프롬나드 플랑테, 런던의 테이트 모던 등과 같은 맥락에서 이해가 가능하다. 차이점이 있다면 변모 과정에서 찾을 수 있다.

앞서 설명한 바와 같이 798예술구는 예술가들이 자발적으로 발굴해 성장시킨 곳이다. 하지만 중국 체제의 특성상

798예술구

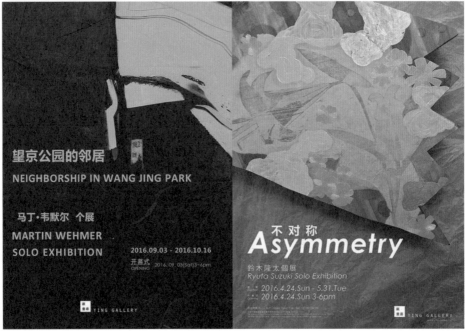

798예술구와 포스터

정부가 개입하면서, 예술가들이 이 공간을 보존하기 위해 시작했던 '다산쯔 국제예술제' 등을 포함한 이곳의 관리 권한은 정부 주도 아래 놓이게 되었다. 그동안 예술제를 기획하고 언론과 해외에 798예술구를 널리 알렸던 황루이는 강력히 항의했으나 받아들여지지 않았고, 결국 황루이는 예술제의 감독 자리를 내려놓았다.

세계적으로 주목받는 예술제와 더불어 정부의 적극적인 개입으로 798예술구는 괄목할 만한 성장을 이루었고, 순식간에 국내외 유수의 갤러리와 대형 미술관, 디자인 사무소, 카페, 레스토랑, 상업 홍보를 목적으로 한 갤러리 등이 들어섰다. 한국 기업인 삼성전자와 현대자동차그룹을 포함해 벤츠나 루이비통 같은 글로벌 브랜드들이 앞다퉈 대형 전시 공간을 운영하거나 거장들의 전시를 후원하는 형태로 홍보 활동을 벌이기도 한다. 예술과 창작의 틈바구니에 상업 활동이 자리를 잡게 되었다.

이렇다 보니 원래 이곳에 터를 잡고 창작 활동을 하던 예술가들과 창작 스튜디오, 갤러리들은 치솟는 임대료를 견디지 못하고 다른 곳으로 떠나야 했다. 임대료가 오르면서 원주민이 밀려나는 이른바 '젠트리피케이션'(Gentrification: 낙후된 구도심 지역이 활성화되어 사람들이 몰려드는 반면, 원래 거주자들은 다른 지역으로 내몰리는 현상)과 같은 일이 벌어졌다. 오늘날 중국 정부는 시진핑(習近平) 국가주석 체제 아래에서 세계적 문화 중심지로 자리매김하는 것을 목표로 움직이고 있다. 이에 따라 정부 차원에서 798예술구에 앞으로 20여 개국의 문화원을 유치하겠다는 계획을 세워놓고, 기존 입주 갤러리들의 수준을 엄격히 따져 가며 갤러리들을 선정하고 있다고한다. 이 지역을 관리하는 중국 국영기업(치싱기업)의 자회사는 갤러리 재계약 때 임대료를 5배로 올렸다는 이야기도 전해진다. 실제로 한때 호황을 누리며 입점해 있던 갤러리들이 많이 사라진 것을 보면 이러한 중국 정부의 움직임이 '예술'과 '창작'을 목적으로 했던 초기의 '798예술구'의 모습과는 차이가 있음을 알 수 있다.

이곳의 성장기와 현재를 지켜봐온 예술가들은 이러한 변화를 안타까워하는 시각을 드러내곤 한다. 798예술구가 세계적인 문화예술 공간으로 발돋움한 것은 맞지만, 그 안에서 이루어지는 예술 활동과 창작 활동의 수준은 그 명성에 미치지 못하고, 싹이 트기도 전에 자본과 결탁한 느낌을 지울수 없다는 것이다. 중국 현대미술의 선구자인 리셴팅(栗憲庭)도 "중국의 작품가가 치솟는 것은 세계 속에서 중국의 문화적·경제적 지위 향상에 따른 당연한 결과라기보다는 경제적거품"이라는 의견을 내놓으면서, 예술은 돈이 아니라 작가의 감각과 생각을 바탕으로 성장하는 것이라고 중국 작가들을 비판하기도 했다.

798예술구는 중앙미술학원과의 유대관계 속에서 함께 발전하는 공생관계를 유지해왔다. 학교가 바탕이 되면서 기존의 중국 미술계와도 크게 충돌하지 않고, 비교적 손쉽게 798예술구를 조성할 수 있었다. 중국은 사회적으로 현대미술 기반이 취약할 수밖에 없었다. 문화대혁명을 겪으면서 중국의 화가들은 농촌으로 내려가 농사를 지어야 했고, 공부를 할 수도 없었다. 10년간 이어진 문화예술의 공백기는 넘기 어려운 산이었을 것이고, 이를 견디고 살아남은 예술가들이 뭉쳐서 목소리를 내기에는 그 힘이 크지 않았다. 중국 정부는 큰 성과를 낸 국제예술제 등을 국가 이미지 제고와 경제 논리에 맞추어 활용하고자 실질적으로 국유화했고, 전 세계적으로 주목받는 상황에서 높은 성장세를 보인 중국 경제의 엔젤투자가 이곳에 집중되었다. 예술적으로 탄탄한 기반을 갖추고 성장하기 이전에, 이미 정치와 경제 논리가 이곳을 지배하게 된 것이다.

정부 주도 아래 조직력을 갖춘 798예술구는 학교, 미술가들과 결합하면서 빠르게 성장했다. 이러한 흐름 속에서 이른바 '스타 작가'들이 탄생했다. 798예술구가 만들어지기 이전에 이미 능력을 인정받은 장샤오강(張曉剛)을 필두로 위에민쥔(岳敏君), 팡리쥔(方立鈞) 같은 현대미술 작가들이 급부상했다. 이들 스타 작가들은 미술계 기획자들이 마련한 '아트 베이징(Art Beijing)'이나 '베이징 국제아트페어(CIGE)'를 통해 길러지는데, 중국 미술의 저변을 확대하고 중국 미술이 세계 미술 흐름의 중심으로 가는 데 이런 기획들이 힘이 되고 있다. 이러한 시스템과 자본력 속에서 길러진 예술가들의 작품은 국제 경매시장에서 높은 낙찰가를 기록하며 화제가 되기도 한다.

이 문제는 중국 전반의 경제적·사회적 상황과 맞물려 있기도 하다. 중국 미술시장에서 손꼽히는 에이전트들의 상당수는 부동산으로 이미 많은 부를 축적한 사람들이다. 이들은 부동산에서 벌어들인 수익을 부동산에 재투자하는 대신 미술품에 투자하기 시작했고, 자국의 비중 있는 작가들의 작품을 경쟁하듯 사 모으면서 중국 미술시장이 급격히 팽창하기 시작한 것이다. 예술적 욕구와 미학적 탐구보다는 경제 논리에 따라 경쟁적으로 수집된 작품들은 이제 그 가격이 치솟아서 부동산보다 더 효과적인 수익 대상이 되었다. 이렇게 사 모은 작품들을 바탕으로 갤러리를 만들고, 창고에 넣어둔 작품들을 내걸기 시작했다. 이러한 중국의 사회적·경제적 상황은 798예술구를 상상을 초월하는 속도로 성장시키는 원동력이 되었다.

주지하듯이 예술 창작 수준은 하루아침에 만들어지고 향

상될 수 있는 것이 아니다. 그런데 여기에 경쟁적으로 투자된 자본까지 더해지면서 이러한 문제는 더욱 심화될 수밖에 없었다. 어떻게 보면 798예술구의 급속한 팽창과 경제적 성과는 '중국 예술계의 창작력 저하를 조장하는 격이 되어버린 것이 아닌가' 하는 생각이 드는 대목이다.

'798예술구'가 이야기하는 것

그럼에도 불구하고 798예술구가 성공한 도시재생의 사례임은 부정할 수 없다. 중국 예술인들은 산업 시대의 모습과 문화대혁명 시기의 유산까지 남아 있는 폐공장의 미학적 가치를 발굴하고, 이를 보존하기 위해 다각적으로 노력하여 짧은 시간 내에 목표를 달성했다. 그 안에서 어떤 일들이 벌어지건 간에 지금의 798예술구는 무시할 수 없는 관광지이자 중국의 현대 문화예술을 이끌어가는 아이콘이라 할 수 있다. 또한 이곳은 세계 4대 아트 스페이스 중 하나로 간주되기도 한다. 공간에 남아 있는 가치와 정체성을 발굴하고, 이를 보존하려는 예술가들의 노력이 없었다면 중국 예술시장의 판도는 많이 달라졌을 것이다. 그들의 자발적이고 헌신적인 노력이 있었기에 798예술구는 철거 위기에서 살아남

왔고, 이를 기반으로 한 중국 현대 예술의 놀라운 성장을 가져올 수 있었다. 다만 이곳의 도시재생 사례가 맥락이 비슷한 다른 나라의 사례와 차이 나는 점은, 국가와 자본이 만든 시스템이 개입하면서 예술가들이 꿈꾸던 자유로운 예술 창작 공간으로서의 가치가 무너지고, 정치와 경제 논리에 따른 성장 방향을 가지게 되었다는 것이다. 798예술구의 상업적 변질, 경제 발전과 올림픽을 위한 수많은 철거 작업이 불러온 유적지와 생활 터전의 파괴, 이로 인한 전통과 정신 파괴가 결국은 왕조가 바뀔 때마다 무언가 파괴되고 다시 만들어지는 역사 속 숙명과 그 맥을 같이한다. 798지구가 존치하는 데 큰 역할을 했던 화가 황루이는 그런 의미를 담은 작품 「Chai-na(Demolition-here)」를 통해 그 안타까움과 저항의 의미를 드러내기도 했다('Chai-na'를 발음하면 중국어로 '건물을 부수다, 철거하다'라는 뜻을 가진 말 '拆那'가 된다).

'798예술구'는 앞으로도 눈부신 성장을 기록하며 각지에 영향을 주는 '성공한 도시재생 사례'로 남을 것이다. 그러나 그 성공 뒤에 예술가들의 자발적인 노력과 의지는 안타깝게 희생되었다는 점을 지적하고 싶다. 이곳이 내실을 갖춘 지속 가능한 예술구로서 자리매김하기 위해서는 '성장'에 집중한 시스템이 아닌, 공간의 역사와 문화를 재창조해 나가는 주체가 누가 되어야 하는지에 대한 성찰이 필요하다. 이러한 맥락에서, 798 스타일을 모델로 삼아 예술을 중심으로 한 도시 재생을 준비하는 단체나 지자체는 798지구의 과정과 결과를 주의 깊게 살펴보아야 한다. 단지 벤치마킹을 위해 둘러보고 차용하는 방식은 지역과 어우러진 성공적인 정착을 이끌어 낼 수 없다. 그리고 막무가내식 관 주도로만 이루어지는 도시 재생은 자생력을 갖춘 채 지속가능하게 발전할 수 없다. 지역 성을 잘 갖추고 핵심이 되는 관계자와 주민 그리고 전문가와 행정 지원이 함께 어우러져야 도시재생의 이름에 걸맞은 의미를 지니고 성공할 수 있다는 사실을 명심해야 할 것이다.

황루이의 「Chai–na(Demolition–here)」

나가며:
우리가 주목해야 할 도시재생 이야기

도시는 사람과 함께 살아가고 있다

도시는 계속 변화하며 살아가고 있다. 인류가 삶의 흔적을 남기며 살아온 것처럼, 도시도 진화하고 변화하며 그 흔적을 남긴다. 세계 곳곳의 사람들은 각자 문화권을 이루어 살아가며, 그에 따른 삶의 흔적들이 도시와 국가의 정체성을 결정하고, 역사로서 쌓이게 된다. 도시도 다르지 않다. 그 공간을 살아가는 사람들과 환경, 그리고 다양한 요소가 복합적으로 만들어낸 흔적들이 그 도시의 정체성과 함께 성격을 만들어낸다. 다시 말해 우리가 살아온 역사가 곧 도시의 역사며, 도시에 남아 있는 시간의 흔적이 우리 삶의 궤적을 보여주는 흔적이다.

앞에서 도시와 도시재생의 개념을 이야기하고, 각 나라의 다양한 사례를 제시하면서도 놓치지 말아야 할 것이 있다고 강조했다. 그것은 다름 아닌 우리가 살고 있는 곳의 정체성이다. '도시재생'이라는 개념을 도입하는 과정에서 우리가 간과하지 말아야 할 것은 도시도 사람처럼 저마다 성격이 다르고, 저마다 정체성이 있다는 사실이다.

그렇기 때문에 우리의 도시는 우리만의 방식으로 '도시재생' 과정을 거쳐야 한다. 우리와는 다른 역사와 정체성을 가진 해외의 유수 사례들을 무분별하게 벤치마킹하는 것은 실패로 가는 지름길이다. 철저한 분석과 검토를 거친 후 받아들일 것은 적극적으로 받아들이되, 변용해야 할 것은 어디까지 수용할지를 고민해서 적절한 수위와 방법을 결정해야 한다. 또한 우리만의 새로운 방법도 연구하여 도입해야 한다. 그것이 우리 도시의 정체성을 지키며 나아갈 수 있는, 도시재생의 긍정적인 방향이 될 것이다.

우리의 도시는 '우리의 도시'

그럼에도 불구하고 선진 사례들이 주는 교훈을 놓쳐서는 안 될 것이다. 유럽의 많은 도시들은 자신들이 가지고 있는 역사와 정체성을 전제로 도시를 성장시켜왔다. 지금 유럽의 명소라 불리는 도시들에 과거와 현재, 그리고 미래의 모습이 공존하는 것은 그 때문이라 할 수 있다. 산업화를 비롯한 시대의 변화를 고스란히 겪어내고, 그 시간을 묵묵히 소화해낸 도시들은 성장과 변화의 흔적과 고민을 고스란히 드러내 보인다.

우리가 살아가는 한국의 도시들은 어떨까? 급격한 사회 변화와 함께 식민 지배와 전쟁을 겪었고, 그 과정에서 서구식 경제제도와 사회제도를 받아들여야만 했던 역사가 우리의 도시에 고스란히 남아 있다. 어떤 곳에는 우리 고유의 정체성을 지키기 위해 안간힘을 썼던 모습으로, 어떤 곳에는 흔들리고 뒤틀린 모습으로, 그리고 또 어떤 곳에는 굳건히 지켜온 모습으로. 그 시절을 살아낸 사람들의 삶과 노력이 오롯이 남아 있다. 한마디로 우리의 도시는 뉴욕도, 파리도, 런던도 아닌 그저 우리만의 정체성이 살아 있는 '우리의 도시'다.

'사람'과 '삶'이 주체가 되는 도시

　도시는 사람들이 살아가는 공간이다. 그렇기 때문에 정치도, 자본도, 사상도 아닌 '사람의 삶'이 주체가 되어 성장하고 변화해야 한다. 과거에 주목받았던 도시들이 눈부신 경제 성장을 앞세운 도시였다면, 최근 주목받는 도시들은 말 그대로 '사람이 살기 좋은 도시'다. 우리 또한 '한강의 기적'을 외치며, 단시간에 눈부신 경제 발전을 이루어냈었다. 그러나 지금 돌이켜 보면 눈부신 경제성장 뒤에 스러져간, 그리고 희미해진 아쉬운 것들이 많다.

　요즘 한창 '핫한 동네'로 떠오르는 지역들을 보면 대부분 젠트리피케이션으로 몸살을 앓는다. 과거 삼청동과 압구정 로데오거리가 그러했고, 지금은 서촌이라 불리는 경복궁역 인근 지역과 홍대 상권이 확산되어 만들어진 연남동이 그러하다. 방문객들이야 맛집과 예쁜 커피숍이 즐비하고 볼거리가 많아진 동네가 반갑겠지만, 원주민들은 마냥 웃을 수만은 없다. 주말마다 몰려드는 관광객들이 주는 혼잡함과 소음, 관광객을 실어 나르는 차량 때문에 생기는 교통 불편, 그리고 점점 오르는 임대료까지 불편한 점들을 이야기하자면 끝도 없다. 이런 문제가 발생하는 이유는 지역 변화의 중심에 '사람들의 삶'이 아닌 '자본'이 있기 때문이다. 이것이야말로 도시재생에서 주민 삶의 개선을 위해 주민의 의견이 전제되어야 하는 까닭이라고 할 수 있다.

주민들의 행복한 삶과 공공의 이익 추구를 전제로 '도시재생'을 진행한다지만, 실제 실행 단계에서 아쉽게도 주민들이 만족하지 못하는 결과를 낳기도 한다. 더러는 주민 참여가 부진해서 안타까운 경우도 있다. 또한 '도시재생'이라는 명분으로 진행되는 사업이 주민이나 인근 지역의 상인 등 그곳을 생활 터전으로 삼고 있는 사람들의 반대에 부딪혀 그 결과가 우려스러운 경우도 있다. 그만큼 '주민들의 행복한 삶과 공공의 이익 추구'를 전제로 한 도시재생이 쉬운 일이 아니라는 방증이기도 하다.

도시재생, 건강한 도시 성장을 추구하는 여정

서울을 비롯하여 전국 여기저기에서 도시재생이 이슈가 되면서 붐처럼 일어나고 있다. 행정 목표 아래 시간에 쫓기듯 진행되는 도시재생은 성공할 수 없다. 도시의 정체성과 주민의 삶, 그리고 공공의 이익을 전제로 하여 대상에 알맞은 성찰과 철학을 동반한 채 모두가 함께 참여해야만 지속 가능한 도시재생의 길로 나아갈 수 있다. 주거 공간을 중심으로 하는 도시재생은 낙후 공간을 개선하여 지역을 활성화시키고 그곳에 거주하는 주민들의 삶이 나아지도록 하는 것에 목표를 두고 가치를 설정해야 한다. 유휴 공간이나 산업유산 등을 재생할 때도 그것은 마찬가지다.

주민들이 주체가 되어 지속적으로 관심을 갖지 않으면, 애써 만들어온 결과물이 금세 자본이나 정치 같은 이해관계에 따라 왜곡되거나 엇나가고 만다. 주민들이 참여하고, 행정과 자본, 전문가가 함께해야 한다. 그러려면 무엇보다 사회적으로 '도시'라는 대상을 대하는 자세가 달라져야 하고, 사람과 도시 모두 그 공간과 시간의 주인이라는 인식이 선행되어야 할 것이다. 이러한 사람의 삶이 중심이 되는 도시라는 인식과 체계를 갖춘 시스템이 정착된다면 우리의 도시는 삶의 흔적이 살아 숨 쉬는 건강한 공간으로 거듭날 것이다.

목표가 좋다고 해서 그 과정이 모두 아름답기만 한 것이 아님을 우리는 그간 배워왔고, 그런 실수를 되풀이해서는 안 된다는 교훈도 얻었다. 무작정 벤치마킹해서 대입하는 식으로 사업을 실행하기보다는, 주민들의 삶에 대한 고민과 지역성에 대한 검토가 충분히 이루어지는 가운데 정해진 목표를 향해 차근차근 다가가는 자세가 필요하다.

관광하듯이 해외 선진지를 다녀와서 따라하려 들지 말아야 한다. 전시 행정으로 지역과 주민을 실험 대상으로 내몰아 망치지 말아야 한다. 선진 사례가 도시재생으로 성공하기까지 어떤 우여곡절을 겪었는지 잘 살펴보아야 한다. 성공에는 그럴만한 이유가 있고, 함께한 사람들이 있으며, 성공을 담아낼 만한 지역성이 존재한다.

그러니 결코 급하게 서둘지 말아야 한다. 아껴서 가자. 그리고 함께 협력해야 한다. 주민이 행복한 도시재생이 목표가 되어야 한다. 경제성만이 아니라 도시의 정체성을 유지하면서 주민들의 삶의 질을 개선하여 건강한 도시 성장을 추구하는 것, 이것이 우리가 가야 할 방향이다. 지역과 사람에 대한 깊은 성찰과 철학으로 참여를 이끌어내는 도시재생이야말로 그것이 추구하는 진정한 가치를 이어갈 수 있을 것이다. 도시를 되살리는 그 과정이 설사 기나긴 여정이 될지라도 말이다.

참고문헌

단행본

■ **국내 저자**

곽대영·한아름,『공장 굴뚝에 예술이 피어오르다』, 미세움, 2016.

경향신문기획취재팀 지음,『이 도시에 살고 싶다』, 시대의창, 2016.

김정후,『발전소는 어떻게 미술관이 되었는가』, 돌베개, 2013.

김철수,『도시공간의 이해』, 기문당, 2015.

도시재생사업단 저,『역사와 문화를 활용한 도시재생 이야기』, 한울아카데미, 2014.

임근혜,『창조의 제국: 영국 현대미술의 센세이션』, 지안, 2009.

윤주,『스토리텔링에서 스토리두잉으로』, 살림출판사, 2017.

정석,『도시의 발견』, 메디치, 2016.

정우양·류재한·오세규,『유럽 생태·문화도시 읽기』, 전남대학교출판부, 2005.

조광호,『문화를 통한 지역 구도심 재생 활성화 방안 연구』, 한국문화관광연구원, 2013.

■ **국외 저자**

조슈아 데이비드·로버트 헤먼드, 정지호 옮김, 『하이라인 스토리』, 푸른숲,
  2011.

후쿠타케 소이치로·안도 다다오, 박누리 옮김, 『예술의 섬 나오시마』, 마로니
  에북스, 2013.

학위논문

김새미, 「영국의 문화주도 재생정책: 리버풀과 뉴캐슬게이츠헤드 사례 비
  교」, 이화여자대학교 박사학위논문, 2011.

김현하, 「도시재생을 고려한 근대 건축물 공간 재사용에 관한 연구」, 고려대
  학교 석사학위논문, 2014.

이강, 「도시 브랜드 가치 제고를 위한 중국 문화예술특구 디자인 활용 연구」,
  홍익대학교 석사학위논문, 2014.

이민호, 「역사문화지 재생을 위한 역사문화자원의 연계수법에 관한 연구 :
  일본 나가하마시와 가와고에시의 지역재생사업을 중심으로」, 성균관대학
  교 석사학위논문, 2012.

간행물 및 학술지

강성중, 「도시재생을 위한 뉴욕 하이라인 공원의 산업유산 활용 사례 연구」,
  『한국디자인문화학회지』, 제17권 제4호, 2011, 1~12쪽.

권병욱·권동극, 「일본의 관광정책과 지역활성화: 나가하마의 사례를 중심으
  로」, 『대한관광경영학회 학술저널』, 제21호 제2권, 2006, 173~191쪽.

김선희, 「근대도시문화의 재생과 새로운 커뮤니케이션의 창출」, 『동북아문화연구』, 제36집, 2013, 5~19쪽.

김혜천, 「한국적 도시재생의 개념과 유형, 정책방향에 관한 연구」, 『도시행정학보』, 제26집 제3호, 2013, 1~22쪽.

류중석, 「다시 태어나는 도시-도시재생의 명암」, 『월간 경실련』, 09-10월호, 2014.

박진호·김영·김주훈, 「문화시설을 통한 도시마케팅과 도시재생」, 『대한국토도시계획학회 정기학술대회 논문집』, 2008, 435~443쪽.

송희영, 「지역의 역사문화자원을 활용한 문화콘텐츠기획 연구」, 『예술경영연구』, 제24집, 2012, 73~96쪽.

윤희연, 「웨스트 첼시 개발과 하이라인의 역할에서 나타난 랜드스케이프 어바니즘의 성격」, 『한국조경학회지』, 제38권 1호, 2010, 84~97쪽.

이범현·김유란, 「역사문화자원을 활용한 도시활성화 전략: 나오시마섬과 심천 OCT 사례」, 『국토』, 2014, 106~115쪽, 396쪽.

이호상·이명아, 「문화예술을 매개로한 도시재생 전략에 관한 사례연구-부산 감천문화마을과 나오시마 사례를 중심으로」, 『한국과학예술포럼』, 2012, 10쪽, 171~183쪽.

이혜주·서리인, 「뉴욕 하이라인(High Line)공원에 나타난 지속가능한 도시재생에 관한 연구」, 『지속가능연구』, 제5권 제3호, 2014, 1~21쪽.

정영환·유진형, 「국내외 도시재생 전략의 분석을 통한 구도심 활성화 방안에 관한 연구」, 『한국공간디자인학회 논문집』, 제7권 4호 통권22호, 2012, 167~176쪽.

한동효, 「도시재생을 통한 창조도시 형성과정의 특성분석: 따산즈 798예술구와 창동 예술촌을 중심으로」, 『국정관리연구』, 제8권 제2호, 2013,

55~94쪽.

한령, 「베이징 798예술지구의 지속가능한 발전 방안 연구」, 『글로벌문화콘텐츠』, 제12호, 2013, 159~182쪽.

황루이, 「'주역'은 변화의 게임이다」, 『Bizart』, 11월호, 2014.

기사 및 뉴스보도

김아미, 「英 테이트모던 관장 "글로벌 미술관 되기 위해선 외국인 관장 필요"」, 『헤럴드경제』, 2015. 11. 13

http://news.heraldcorp.com/view.php?ud=20151113000192&md=20151116003254_BL

김정후, 「런던의 포스트카드를 바꾼 세 개의 밀레니엄 프로젝트」, 『한국문화관광연구원 너울』, 제192호, 2007.

https://www.kcti.re.kr/web_main.dmw?method=view&contentSeq=4587

유지은, 「[Opinion] 폐공장이 예술의 공간으로 [테이트 모던 미술관]」, 『아트인사이트』, 2016. 2. 16.

http://www.artinsight.co.kr/news/view.php?no=21720

798 Arts District Vision Plan:

http://www.sasaki.com/project/36/798-arts-district-vision-plan/

The Distillery District and Toronto Christmas Market:

https://alongwalkfromtoronto.com 2015. 11.

Distillery District News, 2016년, March 2016 On-Line Edition

"Tate Modern's extension delayed due to funding issues", BBC NEWS, 2011. 9. 8.

http://www.bbc.co.uk/news/entertainment-arts-14838304

KBS, 「'서울은 왜 아름답지 않은가?' 편」, 『명견만리』, 2016. 5. 28.

KBS, 「'지역살리기 운동' 편」, 『특파원 현장보고』, 2015. 10. 10.

참조링크 및 기타자료

광주시립미술관 상록전시관 인문학강좌 3강: 중국현대미술과 북경따산즈
　　798지역 예술시장의 형성

http://www.artmuse.gwangju.go.kr/contents.do?S=S26&M=050203020300

국외 도시재생사례_런던, 파리, 오버하우젠의 폐산업시설 재생

http://webzine.dgucenter.or.kr/webzine/bbs/board.php?bo_table=example_
　　oversea&wr_id=1&SA=&page=2

도시재생사업단: http://kourc.or.kr

Distillery District: https://en.wikipedia.org/wiki/Distillery_Distric

디스틸러리 디스트릭트 공식 홈페이지:

http://www.toronto.com/things-to-do/the-distillery-historic-district,

http://www.thedistillerydistrict.com/, http://www.distilleryheritage.com/

서울연구원_도시공간: https://www.si.re.kr/taxonomy/term/16848

세토우치 국제예술제 공식 홈페이지 : http://setouchi-artfest.jp

파리시 공식홈페이지 : https://en.parisinfo.com

하이라인 공식홈페이지: http://www.thehighline.org/blog/tagged/history

황루이 공식홈페이지: http://www.huangrui.org

큰 글자로 읽는 세상의 모든 지식
〈살림지식총서〉

윤주(okjjooo@gmail.com)

현재 지역전문가, 칼럼니스트, 한국지역문화생태연구소 소장으로 활동하고 있다. 德業一致(덕업일치)의 삶을 꿈꾸며, 생각만 하고 말로만 했던 스토리를 체험할 수 있도록 눈앞에 펼쳐 보이면, 평범한 장소는 다시 찾고 싶은 곳이 되고 지루했던 세상은 훨씬 재미있어진다고 믿고 있다. 그래서 이야기를 전달하고 끝나는 게 아니라, 이야기를 실제로 체험할 수 있도록 스토리텔링을 넘어 스토리두잉이 되도록 노력하고 있다. 또한 유휴공간과 낙후된 지역에 활력을 불어넣어, 건강한 도시 성장을 추구하는 '도시재생'에도 관심을 갖고 지속적으로 힘을 보탤 예정이다.

우리문화원형을 중심으로 한 스토리텔링 마스터플랜, 국립중앙박물관 대표유물 20선 스토리텔링, 폐역사 능내역 스토리텔링, 은평구 한옥마을 스토리텔링, 서울시청사 내 서울책방 리노베이션, 섬진강 스토리텔링, 만경강 스토리텔링, 양평 두물머리 스토리텔링, 북한강 물의 정원 스토리텔링, 평택 폐천부지를 활용한 소풍정원 스토리텔링, 하남 미사지구 폐천부지 스토리텔링, 국도 1호선 스토리텔링, 감성가도 스토리두잉 외 다수를 수행했다. 저서로는 『스토리텔링에서 스토리두잉으로』가 있다.

큰글자 살림지식총서 153

도시재생 이야기

| 펴낸날 | 초판 1쇄 2019년 3월 1일 |
| | 초판 2쇄 2023년 8월 2일 |

지은이	윤주
펴낸이	심만수
펴낸곳	(주)살림출판사
출판등록	1989년 11월 1일 제9-210호

주소	경기도 파주시 광인사길 30
전화	031-955-1350 팩스 031-624-1356
홈페이지	http://www.sallimbooks.com
이메일	book@sallimbooks.com

| ISBN | 978-89-522-4032-3 04080 |

※ 이 책은 살림지식총서 561 『도시재생 이야기』를
   큰 글자로 만든 것입니다.
※ 이 책은 큰 글자가 읽기 편한 독자들을 위해
   글자 크기 14포인트, 4×6배판으로 제작되었습니다.